協同主義とポスト戦後システム

雨宮昭一
Amemiya Shouichi

有志舎

はじめに

転換期とは何であろうか。個人としてみればこれまで生きるために前提としていた諸要素が変わる時期であろう。たとえば低成長で財政難で少子化、高齢化の中で一人だけで人間が生きていくことになりつつあるのは最近起きたことである。そこでは国際関係も国内政治も経済も社会もみんな変わる。辞書では転換期とは運命の分かれ道、ターニングポイント、変わり目、重要な局面、節目などと説明されている。

本書はその転換期を戦後体制＝システムからポスト戦後システムへの移行期と考え、以下の三点を考えようとするものである。

第一は第二次世界大戦、戦後の高度成長期を経て、これまでと異なる事態、すなわち冷戦後の世界秩序の形成、低成長、財政難、少子化、高齢化、格差そして予想される財政破綻などにこれまでの自由主義や経済成長以外のどんな方法によって対応し解決するのか。

第二はアメリカに頼らず非軍事的な方法によって、例えば中国や北朝鮮（朝鮮民主主義人民共和国）の〝力づく〟の在り方なども含むアジアにおける現実的共生をいかに築いていくか。

第三にはこれまでのような経済成長もなく、人口も増えない中で地域の持続、自立はいかに可能か。

この転換期としての今を日本の近代にかぎってみれば明治維新（一八六八年）から一五〇年、第二次大戦の終了（一九五二年講和条約発効）から六五年の地点にある。前者から見れば近代日本は大きく二つに分けられる。一つは明治時代につくられて敗戦まで続く近代天皇制という国家体制、第一の国体の時期である。二番目は戦前戦時期に準備され占領期につくられ一九五二年から数年かけて日本国民に取捨選択され現在まで続く、国民主権、平和主義、基本的人権の尊重、を内容とする民主主義の国家体制、第二の国体の時期である。

後者は五〇年代につくられた戦後体制の形成と展開の時期である。この戦後体制と第二の国体は同義であるが、戦後体制の転換を第二の国体の範囲内で行わず第一の国体に戻す方向で行動する有力な潮流も存在している。したがって日本の戦後が終わるのは、戦後体制の転換が第一の国体に戻ったときか、あるいは第一の国体に戻らないことが確定した時である。その両者でない限り日本の戦後は継続することになる。争点は第二の国体の範囲である。

さて戦後体制が転換期にあるということは、それを構成する各領域の認識や実践の軸（ともわれているもの・こと）や基準が揺らいでいることを意味する。国際関係では具体的な超大国と普通の国、先進国と発展途上国・新興国、経済では資本主義と社会民主主義などの修正資本主義、成長と非成長、政治ではそれを反映した中道右派と中道左派、リベラルと反リベラル、社会では個と共同体、マジョリティとマイノリティ、正規社員と非正規社員、薩長史観と反薩長史観、ベッドタウンと勤務場所、などなど。これら二項の関係のみならずその軸も基準もいっせいにゆらいでいる。

本書はそのゆらぎはいかなるものであるかを、事実としての越え方――〝ベタ〟および再帰的認識としての超え方――〝メタ〟の両面から明らかにするのみならずその組み換えの中身と主体をやはり事実と再帰的認識の両面から明らかにすることを意図している。その組み換えが戦後システムの新しい次元の形成を意味しよう。そしてその組み換えのなかでの不可欠な要素は、国家、資本、近代などから自立した協同主義だと筆者は考える。

第1章ではその協同主義を中心に、普通の人々の生活と歴史から、その新しい次元を自由主義と協同主義を軸に過去・現在・未来、および国際、政治、経済、社会、地域、思考にわたって考える。それはポスト戦後システムの基本ソフトのレベルにおけるバザール的、オープンソース的、私的所有物のオープン化・フリー化などなどの協同主義的あり方とも関わる。以上から成長か非成長かという二者択一の思考や、正規・非正規の関係の克服、また政治で応用すれば中道右派と左派とか、資本主義と社会民主主義ではなく日本では縦軸を自由主義と協同主義、横軸を第一の国体と第二の国体の四象限にすれば、たとえば共産党と公明党・創価学会は協同主義と第二の国体、宏池会は第二の国体と自由主義、経世会は第二の国体と協同主義、都民ファーストは第一の国体で自由主義となる。これによって今後の連立の組合せや中身、ひいては戦後の越え方を見通すことができる。これはきびしい状況にある沖縄を含む各地域でも十分応用可能だろう。

第2章では、近代と成長に前のめりにすすむ自明性を埋め込んでいる薩長史観と近代というベクトルは同一でその裏返しである反薩長史観の両方、薩長と自由民権、薩長と政党勢力、薩長と青年将校という薩長反薩長の両者が日本を自滅させたが、それを超える軸と主体をどこからいかにして発見するかという課題を日本の各地域と歴史から探る。それは同時に激しい流動化と多様化の中での地域におけるコミュニティ・共同性・帰属意識の再帰的にしかありえないあり方のコンテンツとしての地域の主体の立ち上げの方法の生産でもある。

第3章では、高度成長期の中央―地方関係、ベッドタウンと勤務地の関係が崩壊したあとのシステム、地域内循環とグローバル循環の連関システム、日本人・男性・健常者・正社員以外の人々も主体となるシステム、それらが同時に一元化vs多元化、平等vs格差、という対立を、多元化と平等を可能にするシステムの探求。それを日野市など大都市近郊地域で生活の質の変化に関連させて具体的に示したい。

第4章では、安倍晋三内閣の歴史的分析を通じて一九二〇年代との共通性とそれへの回帰の願望を発見し指摘する。デモクラシーからファシズムへとか自由主義から戦時体制へなどと言われてきたが、ここではリベラル右派もリベラル左派も維持しようとした自由主義体制そのものが問われたし、今も問われていることを指摘する。

第5章では、以上の戦後の超え方＝越え方のための学問的方法を発展させるためにまず戦時法研究のなかから総力戦体制と新自由主義体制との強い関連、自由主義勢力によって構想されてきている政策が「合理的」で「現実的」な「世界の道」と評価する視点の根本的な再検討、さらに筆者の政治学と歴史学に関連する方法を整理し提示する。

そして最後の第6章の対談で、本書の意味と位置を議論する。

【初出文献】

はじめに（新稿）

第1章「戦後の越え方と協同主義——協同主義研究のための見取り図の一つとして」『独協法

学』一〇〇号、二〇一六年。
第2章　「日本政治史と地域の過去・現在・未来――甲州、水戸、石見」『地域総合研究』九号、二〇一六年。
第3章　「郊外都市の新たな挑戦――ポスト・ベッドタウンへ」『地域総合研究』二〇一六年。
第4章　「安倍政権と戦後システムのゆらぎ――同一の未解明の歴史的課題のさまざまな解き方」唯物論研究協会編『唯物論研究年誌19号　転換する支配構造』大月書店、二〇一四年。
第5章
1　「総力戦体制論と戦時法研究の射程と「時限性」の更新」『戦時体制と法学者――1932―1952』国際書院、二〇一六年。
2　「政治学・歴史学の戦後、現代、現在」『戦後とは何か――政治学と歴史学の対話（下）』丸善、二〇一四年。
「書評・加藤陽子『戦争まで』朝日出版社、二〇一六年」雨宮昭一ブログ二〇一六年一一月五日。

「所長雑感」『地域総合研究』創刊号、二〇〇八年。同第四号、二〇一一年。

第6章　対談「協同主義と東浩紀『観光客の哲学』」二〇一七年七月七日（新稿）。

あとがき（新稿）

協同主義とポスト戦後システム《目次》

第1章

戦後の越え方と協同主義
――協同主義研究のための見取り図の一つとして

はじめに

今日お話しするテーマは、戦後の越え方と協同主義についてです。現在、日本と世界の戦後がある段階に来ていて、次の段階にどのような方向であっても行かざるを得ないというときに、いったいこれまでの問題を解決するようなあり方にどのようなものがあるかということで、私は協同主義というものを少し考えてみたいと思って、これまでまだ未熟なままですが、以下のように言及してきました。「戦時体制から一九五〇年代前半までを統一的に見」ると「内外にわたる自由主義と協同主義を軸にして見ることができる」[*1]、「無制限な市場支配になりがちな自由主義を社会的にコントロールし、時には市場をデザインし、社会的連帯と非営利的社会関係によって構成される戦前以来の系譜を持つ前述の協同主義の発見」[*2]、「一九五〇年代までは戦前戦時期に作られた〃知〃（たとえば協同主義）が、新憲法の解釈や経済、国際関係などの知もふくめて〃通説〃的に存在していた。しかし五〇年代後半以降になると「反動」の知と、（原子論的）個人による契約理論でおおわれ、後者は、自由主義（やがて新自由主義）と市民民主主義に分化しつつ支配的となっていき、ネオリベラリズム＋ナショナリズムとして行き詰っている。現在〃失われた〃五〇年代までの戦前以来の社会的連帯、国家の責任、市場の相対化などを内容とする協同主義という〃知〃などの再位置づけ、再意味づけが考えられよう」[*3]。「労働力を商品として前提とする社会民主主義と、出資者と労働と経営と時には消費を分離しない協同主義との違いを地域において認識することができた」[*4]。私は協同主義を、非営利、非政府・非国家の思想、国際関係、政治、経済、社会、哲学、運動、組織にわたるものと考えていて、それを、アジアとか宗教とか政治とか歴史とかに即して、どんなふうに考えられるか、考えられて来たか、そして後で述べる現在の戦後体制からポスト戦後体制への移行との関連でどのような位置と方向性と内容を持つかということをお話して、皆さんからの色々なご教示を賜れればと思います。

その際留意するのは、一つには、未来に対しては様々な回路がありますが、歴史という回路から考えて行きたいと思います。それは私が政治学、その中の近代政治外交史を学んできたこととも関係ありますが、もう少し基本的な問題があります。これまでの一直線の進歩の歴史自体が行き詰まり、その見方では次のモデルが見えない事態が現出したことです。ということは、歴史を螺旋的循環過程として見ることを要請します。本稿でいえば、歴史を自由主義と協同主義という軸で見れば一九二〇年代——相対的に自由主義、一九四〇年代から五〇年代——協同主義、一九五〇年代後半から一九九〇年代——新しい自由主義、と言えますが、現在多くの論考はそのあとのモデルが不明です。しかし私はこのあとそれまでの過程の内容をうちにふくんだ新しい協同主義が歴史的に予想できると考えます。歴史の中から未来を考えるというのはそういうことだと思います。なお、のべてきた長期の自由主義と協同主義の循環といってもその中の短期、中期のなかにも循環があります。同時に自由主義と協同主義は共時的存在としてあり、その関係と割合の変化として歴史を見ることが必要です。[*5] この自由主義と協同主義を軸としてドイツの現代史を見て、たとえば新しい社会運動としての緑の党のなかに一サイクル前の協同主義と未来の協同主義を「発見」する研究もあります。[*6]

そして二つ目として、普通の人の生活に即して問題を考えることです。普通の人々の生活の場にこそ、世界の動きの最も先端が現れているのですが、当然ながらそれはまだアカデミックな対象になっていません。こうした、アカデミズムの対象になる以前の普通の人々の生活に即した問題を、いわば精錬させてアカデミズムの対象に入れれば、アカデミズムの先端になると私は考えて研究し、これまで色々な本を出してきました。このことは、学問における諸用語の従来の定義の再定義を迫ります。従って、学問の問題の核心にも関わっていくわけです。本稿で言えば、普通の人々はどのように低成長時代に適合した生き方をしているか、ですね。以上のように、一つは過去から問題を未来に見通すということと、もう一つは普通の人々の現在の生活の中から問題を考えるということ、その二つで考えたいと思います。

それから三つ目として、文明というメガトレンド、超長期的な視点で問題を考えるという側面はありえますけれども、私の専門が政治学と近現代史ということもありますが、もう少しミドルレベル、ミドルレンジのところで問題を考えています。つまり中期的な、中間的なところで考える、これが物事を考える時に実践的な意味を持つわけであります。たとえば安倍晋三内閣は中期的にはどういう課題を持っていて、それに対してミドルレンジで対応するものは何かということを考えなければ、実践的なものにならない。そこで哲学をぶつけるということは大事なのですが、それも含めてミドルレベル、ミドルレンジで考えるということに取り組んでおります。

最後に四つ目として、普通の人の生活の仕方、あり方という場所でものを考えていくという場合に、私自身は必ずしもそこにいるわけではない——もちろん私の生活も普通ですが——つまり研究者としてそれを見てしまうということもあって、非常にわからないことがあります。例えば格差と簡単に言いますが、今から高度成長の前の五〇年前の格差と今の格差の中で生きる人間の生活の量と質が違うわけですね。これは後からお話ししますように、一日五〇〇円あればなんとか食べていける、それなりの住居に住んで五〇〇円で暮らせるという、そういう性質の格差の中で差別されている人間と、五〇年前の格差の中にいる人間というのは、かなり違います。この違いが何を意味するかというと、研究者も人々も今の格差の問題を五〇年前の概念で考えてしまえば、気分的には楽で納得してしまえるわけですが、それはもはや有効ではないのではないかという問題です。つまり衣食住の最低限は制度的にも経済的にも制度にアクセスすれば充足された上での格差、とは何か、その新しい格差の克服には多分これまでとは異なる連帯・シェア・コミュニティが要請されるでしょう。だから困ったときに頼りになるのはインターネットにおけるたすけあいや現実のネットワークやコミュニティです。釣り・俳句・その他公民館などの講座仲間など趣味や遊びの友人たちで彼らは医療や福祉の、時には地震の時などの生活物資なども含めた情報やネットワークや制度へのアクセスをおしえあえるからです。つまりそれらの制度や情報はすでに存在しているのです。そしてこれら福祉などの制度、情報、ネットワークはもちろん、たとえばインターネットで無償で有益な情報を伝える膨大な人々やフードバンクなどをたちあげるボランティアや、カルチャー講座や趣味などで形成されている膨大なネットワークなども後述する高度成長によるストックでしょう。以上の四点について考えてみようというのが、本稿の意図であります。

1　戦後体制とポスト戦後体制

次に、大きく戦後体制とポスト戦後体制ということがあります。少し考えるとどうなるかというと、これは表1をご覧になってください。これは私の本のいろいろなことをまとめたものなので、これを全部説明すると二〇時間くらいになるわけですが（笑）、今日は非常に省略をいたしまして、戦後体制と脱戦後体制ということで、少しお話をさせていただきます。そして本稿ではそれに付け加えて各体制における生き方、その基準の変化と展望を考えたいと思います。その螺旋的展望をまだ不十分なままですが表2にしてみました。[*7]

これから触れるポスト戦後体制パートⅠはその段階でも高度成長をめざし、「私」「原子論的個」を極大化し利潤と主権を維持するオルタナティブを表現する。私はこの表のポスト戦後及びその後（ポストポスト戦後体制）にある事象を高次の螺旋的循環展開（進化対退化は止揚されています）と認識しています。以上を前提として表1にもどりましょう。

表1に体制とサブシステムとありますが、この体制というのはシステムであると考えています。システムあるいは体制というのは何かというと、様々な要素の相互作用をシステムととらえています。たとえばここで言うと、国際システム、政治システム、経済システム、法システム、社会システム、地域システムのようなものが、相互に作用してある一定の形をとるもの、ことを、体制とかシステムと考えています。

日本の戦後体制のシステムの成立時期がいつなのかについては、一つの大きな問題です。例えば占領期というのは戦後ではなく、戦争の最中であり、戦争の継続であります。だから、正確に日本が戦後に入るのは、一九五二年の四月二八日以降になります。当時のソ連や中国と講和していませんし沖縄などを分離したままである点から不十分ではありますが、一応一九五二年の四月二八日から戦後が始まり、戦後の民主主義もそこからはじまるわけです。戦後民主主義が八月一五日にはじまるというのはおかしな話で、国民主権も国家主権もないところではデモクラシーも成立しません。[*8] 戦争状態ですから当たり前です。そのように、戦後体制が固まってくるのが、一九五〇年代の真ん中くらいであります。

国際システムについては、ポツダム体制つまり戦勝国体制であります。その後、戦勝国が仲間

1940年代前半	1950年代	現代		
戦時体制 翼賛体制	戦後体制	脱戦後体制		
		I	II	III
「世界新秩序」 「東亜秩序」	ポツダム― サンフランシスコ体制	一元的「帝国」の展開，そして〝パックスチャイナ〟？ ネオ冊封体制？	多元的アジアにおける安全共同体（ポストコロニアル）	
「政治新体制」	五五年体制	連合政権体制		
「経済新体制」 所有から経営へ	民需中心の 「日本的経営」	新自由主義 経営から所有へ	民需中心協同主義との混合経済	
国家総動員法	日本国憲法	日本国憲法改正	日本国憲法	
平準化 平等化	企業中心社会 機能から記号へ	市場全体主義 and/or ナショナリズム	個性化 多様化 脱消費社会 非政府・非営利領域の拡大	
中央集権	中央集権	地方分権	地方分権	
アジアへの 排他的支配 重化学工業化 平準化・平等化	冷戦対応 重化学工業化 平等化 格差是正 （中央・地方） （階層）	市場化 「普通の国」 「帝国化」	国際化 高齢化 多様化 個性化 共生 リスクシェア	

本経済評論社，2013 年）.

表1　近代日本システムの変化

成立時期	1880年前後	1890年前後	1920年代
体制 サブシステム			自由主義体制
国際	帝国主義 冊封体制	日英同盟 （パックスブリタニカ）	ヴェルサイユ—ワシントン体制 （パックスアメリカーナ）
政治	藩閥政権	藩閥＋政党	政党政治＋普選
経済	国家主導	国家主導	自由主義
法	明治憲法	明治憲法	治安維持法
社会	近代と前近代		格差を当然とする体制
地域	地方分権	中央集権	地方分権
課題	国家独立 殖産興業		帝国の維持 国際化した経済への対応 政治基盤の拡大 社会政策
自分のファミリー			
自分の職場			
自分の学校			
自分の自治体・自治会			
自分の集団			

出典：雨宮昭一『占領と改革』（岩波書店，2008年），同『戦後の越え方』（日

戦後	ポスト戦後	その後
高度成長	低成長	高度成長'
私'	私たち'	私''
その「充足」	国家によるナショナルミニマムと社会における多様な互助，互酬，贈与	相互扶助''
契約論的社会構成'	協同体的社会構成'	契約論的社会構成''
原子論的自由'	その克服'	原子論的自由''
主権国家'	主権国家の上の「地域」'	主権国家''
ナショナリズムと「経済大国」	その克服と利潤動機克服のための内外の協同主義	
ボダン主権論'	アルトジュウス主権論'	ボダン主権論''
自由主義'	協同主義'	自由主義''
閉鎖的	開放的'	閉鎖的'
成長社会	成熟・縮小社会	成長社会'
フロー	ストック	フロー'
個	共同体'	個'

割れして冷戦になり、サンフランシスコ体制となります。冷戦の言わば一つのあり方がサンフランシスコ会議、片面講和と安保条約という形で、ポツダム―サンフランシスコ体制というのは、だいたい戦後体制の国際システムと言えると思います。

それから経済システムで非常に特徴的なのは、民需中心であることです。これは、アメリカやフランスなどは、ほとんど戦争の状態をそのまま継続していまして、軍産官学複合体をつくって、いわば戦後の再建は軍需産業中心なのです。そして同じ敗戦国のイタリアやドイツも、基本的には軍需産業で

表2　各体制の変化

時代とシステム	戦前　自由主義体制	戦時
経済		
個人	私（リバータリアン？）	私たち（コミュニタリアン？）
福祉	部分的相互扶助	部分的相互扶助からナショナルミニマムへ
構成	契約論的社会構成	協同体的社会構成
自由	原子論的自由	その克服としてのゲマインシャフト
国家	主権国家	主権国家の上の「地域」
ナショナリズム	ナショナリズム	その克服と利潤動機克服のための「東亜協同体」
主権論	ボダン主権論	アルトジュウス主権論
自由と協同	自由主義	協同主義
住み方	（家）開放的	「開放的」
社会		
経済		
共同体		共同体

戦後の経済再建を行います。

これらの国がなぜそうかというと、日本国憲法のような形で、憲法第九条を持っていないことです。イタリアもドイツも、それぞれ普通の憲法を占領後からつくります。軍需産業というのは資本主義産業ではない、つまり税金でしか育てられないし維持できないですから、憲法第九条が守られた日本では軍需産業に税金を振り向けることができないというわけです。だから日本は資本主義国のなかで珍しく軍需中心ではなく、民需中心の経済であったのです。それと経済では日本的経営ということが言われます。戦争に負けて植民地も勢力圏もないということになると、日本国内で日本の労働者を雇い入れて、その中で福祉も含めて養って、全面的に働いてもらう、これが終身雇用、年功序列、協調的労働組合という日本的経営なわけです。そういう民需中心の日本的経営というのが、日本の戦後の経済システムです。

それから、法システムについてです。押し付けられた憲法ということが言われますが、確かにあの憲法は手続き的には明らかに押し付けられたものです。しかし内容的には明らかにGHQが作ったものではありません。GHQ案以外の内容が、日本の案も含めて様々に入っているという憲法であります。つくられたのは一九四六年の六月ですが、国民主権も国家主権もない時ですから、いずれにしても憲法体制が出来たわけではありません。本当に憲法体制が出来るのは、一九五五年です。一九五二年に独立をすると、鳩山一郎内閣が真っ向から改憲を提起します。当時保守政党を含めて、三分の二以上が改憲勢力で、それに護憲派が激しく対抗していきます。つまり、占領状態が終わって日本国民がオープンに憲法を問題にするというのは、一九五五年の衆議院選挙ですが、その時に日本国民は護憲勢力を、国会の三分の一強選びます。当時としては、三分の一というのは大変なことで、つまりこれは何を意味するかというと、一九五五年に国民主権、国家主権が存在する中で、はじめて日本国民が主体的に日本国憲法を選んだということです。

こうして日本国憲法体制が出来て、戦後体制が成立するということになります。ここで五五年体制というのは、サンフランシスコ体制の安保条約に賛成か反対か、それから護憲か改憲かという二つの問題の対立が、自民党と野党の二対一という政治勢力で構成された政治体制ということになります。

社会システムにつきましては、日本的経営の問題を含めて企業中心社会となりました。それから地域システムについても、さっきも言いましたように、外に勢力圏もないし、資源も労働力も確保できないわけですから、日本の中の地域に補助金等々を潤沢に配分して経済的な開発をするという形での開発行政になります。従ってそれは非常に中央集権的です。以上の形での動向が、一九七〇年代、八〇年代ぐらいまで続くというのが、戦後体制ということになります。

ここから表2に即してお話しします。福祉の問題では、一九二〇年代までは部分的に相互扶助の組織に依存していたのですが、戦時体制の中でナショナルミニマムがないとやっていけないということになります。戦後もそれが継承されて充実していくことになるわけですね。特に岸信介などが国民健康保険と国民年金の皆保険皆年金を推進していますが、これは戦時中から戦後を通じて進められたものです。この「福祉国家」の集積は、そのあと「小さな政府」になってもその歴史的前提となっており、そこにその「小さな政府」の新しい質があるのです。従ってその小さな政府のあとの福祉は国家のナショナルミニマムと社会の中の多様な相互扶助というものを相互に組み合わせたような福祉が必要になってきています。

さらに社会をどう構成するのかという問題があります。例えば一九二〇年代には自由主義的な契約論的な考え方、つまり原子論的な個が存在して、そうした個が契約を結んで社会や国家をつくるという考え方が強くなっていきました。これが戦時になると共同体的な社会構成になり、高度成長になると再び契約論的な社会構成になりますが、これは日本の法律学や政治学など社会科学の人たちが、戦時中から戦後、特に高度成長にかけていかに協同主義から自由主義に「転向」したのかを見るとよく理解できます。

自由の問題も、原子論的な自由から戦時にそれを「克服」してゲマインシャフトになり、そして戦後の高度成長のなかで再び原子論的な自由になります。ポスト戦後体制の中で「連帯」や「絆」が言われるようになっていますが、これは高度成長以降の「個」ではもはややっていけない問題をどう克服するのか、という状況を背景にしています。私は「連帯」や「絆」それ自体が素晴らしいという議論ではなく、それが豊かになった「個」の中から生まれた、より水準の高い、新しい次元のものとしてつまり豊かな個のある連帯として評価すべきだと考えています。

ナショナリズムの問題もあります。二〇世紀はナショナリズムの時代ではあるのですが、戦時中の昭和研究会などが提示していた問題は、第一にナショナリズムを克服すべきであるということ、第二に利潤動機を克服すべきであるということ、そしてこれらの問題を克服するための共同体をどうつくるのかということでした。これは、植民地や勢力圏の拡大の正当化の言説としても機能しましたが、論理の枠組みとして非常に重要な論点を提示していたと思います。ところが戦後になるとこれが逆転し、ナショナリズムと経済大国という形になります。おそらく今アジアとの関係で考えなければいけないのは、そうしたナショナリズムの克服と、利潤動機を克服するための、内外の協同主義になるのではないかと思います。

国家主権の問題につきましても、戦前は主権国家で、戦時は大東亜共栄圏という形で主権国家の上にブロックを形成します。戦後になると主権国家に戻るのですが、これもポスト戦後体制では地域という問題が浮上するようになって、主権国家の再定義を迫ることになるかもしれません。例えば、ジャン・ボダンのような一つの国家が一つの主権を持つという主権論に対して、アルトジュウス主権論というものがあります。これはEUなどに典型的なように、最も末端の基礎単位が主権を持ち、その上の単位がそれを補完するという主権のあり方です。戦後はボダン的な主権論が優勢であったわけですが、私自身はポスト戦後体制では再びアルトジュウス主権論に戻るという、螺旋的な循環をするという見通しを持っています。

次に自由主義と協同主義ということですが、これは私が歴史的な展望を見通す際の一つの軸になります。一九二〇年代というのは自由主義の時代で、一九四〇年代から一九五〇年代が協同主義の時代です。現在は「新自由主義」と呼ばれる自由主義の時代ですが、歴史的な螺旋循環の問題で言いますと、次は協同主義になると私は考えています。そう言うと単純なようですが、私はこの協同主義は単なる過去のものの繰り返しではなく、その前の自由主義の過程を取り込んだ高次の形として理解しています。断っておきますと、自由主義と協同主義は共時的にも存在しているもので、それは両者の関係とその割合の変化という側面から理解する必要があります。前述のようにドイツの緑の党などが面白いのは、それ以前の協同主義、極端に言うとナチスあるいはそれ以前からの協同主義の系譜を持っていて、かつ未来の協同主義の系譜を担っていることにあります。緑の党は環境保護で素晴らしいとか、そういう単純な話ではありません。

それから住み方の問題についても触れておきます。一九二〇年代までは家庭はとても開放的でした。戦時中もまた良くも悪くも（つまり強制的な形での）開放的なもので、これは回覧板という仕組みの中にも表れています。これが戦後の高度成長の中で、近所の人は絶対に中に入れないという、極めて密閉された非常に閉鎖的な家庭になります。私は田舎で生まれ育った人間ですが、そこでは家に鍵もかけないで自由に往来するようなあり方の中で、地域の中の様々な関係がつくられていたわけです。これが、高度成長の中のマイホーム主義と呼ばれるものによって、家の中に蚊一匹も入らないような住み方になるのですが、これはおよそ異常なものだと私は思います。高度成長の時は平均年齢も若くてお金に余裕があったからそれでもよかったのですが、それが終わった後の超高齢化社会の中で、あらためて地域社会との関係を持たなければならないという状況になった時に、この密閉された空間が大きな阻害要因になっているように思います。その点で興味深いのは、私の住んでいる小金井市では、昔のような開放的な家がまだあるのですが、それはやはり農業を営んできた旧家なのですね。家の建て方も、一匹の蚊も入らないような空間をつくっていません。そのような、家を開放するということの意味は、今からでも考えるべき価値があると思います。

そして今度は現代の問題に入りますけども、脱戦後体制というのは何かというと、一九七〇年代あたりから戦後体制にひびが入りはじめます。まず、アメリカ主導のブレトンウッズ体制が次第に崩れはじめ、冷戦体制の崩壊が戦後体制にとどめを刺します。それが一九八九年から九〇年にかけて起こったのですが、その当然の帰結として、サンフランシスコ体制の自明性も、五五年体制の自明性も、日本国憲法の自明性も、地域開発の話も、次第に動揺しはじめます。この脱戦後体制がどうなるのかについては、パートⅠ、Ⅱ、Ⅲという形で表1に示しています。

パートⅠというのは、今のままで行けばそうなるような体制です。つまり、中国も含めてみんな資本主義市場の原理の中に入りますから、基本的に世界が全部アメリカを中心とした一元的な資本の帝国が展開するということになります。そこにおける経済はまさに新自由主義です。戦時体制、戦後体制の時には、経営と所有の分離で経営の方を高く評価するというシステムだったわけですが、新自由主義では株主やオーナーが主導権を握る資本主義に移行します。コーポレイトガバナンスは、そのシステムであり評価の基準が、企業で働くものから所有者に移ります。これが株主のための経営―リストラ―雇用不安―金融不安―規制緩和―金融不安と展開しているのです。日本国憲法についても、改憲問題が出て来ます。社会の方も市場全体主義的なものとナショナリズムのようなものが結びつく社会のあり方になってくる。地域については先ほどお話ししましたように、戦後体制の中では世界の労働力や資源の多くの部分が社会主義国の中に存在していたわけですから、日本の中で資源と労働力を陶冶していくという日本的経営と地域開発という二つのことを行わざるを得ませんでした。それが冷戦が終わることで、社会主義圏の労働力も資源も世界市場に投げ出されることになります。そうなると、何も相対的に高い日本の労働力を雇ったり、それで年功序列や終身雇用で福祉を充実させたりしない、あるいはするともたないという状態になってきます。それから地域の方で、何も北海道や千葉にコンビナートをつくって国内でやらなくても、外に出ていったりM&Aをやれば済むという、そういう話になってくる。冷戦が終わったというのは、そういうことであります。以上が戦後体制の概観です。

2　ポスト戦後体制の三つのオルタナティヴ

以上がなにもなければ選ばれるポスト戦後体制のオルタナティヴ――パートⅠです。パートⅡというのが、私が考えたオルタナティヴです。そして、パートⅢはみなさんのオルタナティヴです。狭く見えますがたっぷり書くところがあります。今言ったような状況で、戦後体制がかなり揺らいでいます。そうすると、それに対してどのようなオルタナティヴが存在するのかを考える必要があります。漠然とメニューがやって来て、どのメニューがいいかを決める、なんてわけにはいかない。そんな分かりやすい時代は終わってしまったわけです。そうするとみんなが考えなければならない。みなさんが考えてもらう。どんな国際システムがよいのか、どんな政治システムがよいのか、どんな経済システムがよいのか、どんな社会システムがよいのか、どんな地域システムがよいのか、ということをパートⅢで考えてもらうということが必要だろうと、私はそう思います。

それから表の一番下に、自分のファミリー、自分の職場、自分の学校、自分の自治体・自治会、自分の集団ということが書かれています。これは、私は歴史を研究していることもありますが、たとえば日露戦争の時に、あなたのファミリーは何をしていたのかを問うということです。何をしていたのか、というのは非難の意味では決してなくて、例えば日露戦争の前の時代など、その時のひいおじいさんの職場はどうであったのか、自分の学校はどうであったのか、それから自分の自治体はどうであったのかということなどを、きちんと考えるということを意味します。つまり日露戦争については、地域も自分のファミリーも動員されてしまったみたいな話が多いのですが、では動員されなかったり、戦争に反対したりということについて、地域や家族で何が出来たのかということについて、きちんと考えてもらう必要があるのです。そのことはその後の全部の段階、一九二〇年代の自由主義体制とか、四〇年代の戦時体制とか、六〇年代の戦後体制とか、現代の脱戦後体制あるいはポスト戦後体制ではどうするのかということを、考えていただくということにもなるわけであります。例えば、自分の通った小学校の歴史などを見れば、天皇制教育で上からガチガチに固められたなどというのが間違いだとわかります。例えば明治時代の学校を調べてみると、国家はほとんど学校の設立・運営にお金を出していなくて、村の税金の中から捻出しなければなりませんでした。校舎や校庭も村の人たちが自主的に提供したものです。つまり教育もかなり村の人が自治で行っていたわけです。だから全部ロボットのように上から訓練されて戦争に飛びこんでいった、などという話は一面的だと私は考えています。

脱戦後体制パートⅢにつきましては、私はまだよくわかっていないのですが、最近考えたことというか見たことをお話ししたいと思います。例えば普通の人に即して、という先ほどの話に関係しますけども、例えば山梨の昼のカラオケというものを取り上げたいと思います。私はいとこ会というものに入っていて、一つの夫婦の孫が二五、六人います。昔はそんなに珍しくないわけですが、それが今いとこ会みたいなものを作って、ときどき会っているわけですが、その山梨に、高級クラブとか高級スナックとか言われるような所があって、そこは高度成長の時代に、五〇〇〇円から一万円も出さないと絶対飲めない所でした。今はどうなっているかと言うと、昼間は一〇〇〇円で歌い放題、夜は一五〇〇円で歌い放題になっています。そこで私たちも行ったら、六〇代、七〇代、八〇代の高齢者たちが振り付きで激しく歌っていて、見物人もたくさんいました。これを見て私は思ったわけです。歌うというのは総合運動で、認知症予防などに大変よいらしく、高齢化による医療費をおびただしく節減しているなということです。それから高級クラブのオーナーに聞いたら、もう五〇〇〇円とか一万円とかだと誰も来やしない。だけれども存在するハードと自分たちの雇用は維持したい、すると一〇〇〇円や一五〇〇円で何とかなるという。以前に浜矩子さん（経済学者）の日本経済がフローからストックになったという話[*9]はわかったのですが、具体的にどういうことかはわかりませんでした。上記のカラオケの経験から私がわかったのは、低成長と高齢化社会の中で、どのようにソフトもハードも回していくかといったら、低成長なのだからハードを維持し、雇用を維持すればよいということです（こうした山梨のあり方の背景には老若男女多種多様な無尽の存在があり、それによる旅行、遊び、飲食などが健康寿命日本一（二〇一七年）のような事態を生じさせていると思います）。高級クラブやスナックのソフトのノウハウを生かしながらです。現実はそういう形で、かなりの人々が低成長の中で、高齢化社会のなかで、健康を維持して医療費の負担を減らしかつ地域の産業や雇用をつくったり維持しています。もう少し一般的にいえば、若い人も含めてですがストックを作るためのフローの時代から、ストックを使いこなす時代になっていてそれが普通の人々が楽しみつつもう実践しているのですね。

そしてもう一つ面白かったのは、次のような事です。私は以前勤めていた茨城大学のある水戸市に今も時々行くのですが、ここは市街地が駐車場だらけになっています。なぜ駐車場だらけになるのかと言えば、高度成長時代のさまざまな建物や施設がもたなくなって、全部パーキングにしてしまっているのです。これもある意味では高度成長の時のハードを、パーキングという形で、安い形で持続させるという形です。これは斎藤義則さんという、私の同僚だった人と話したのですが、今でこそパーキングは車で満杯ですが、いずれはやっていけなくなるだろうと、その後はどうすればいいかという問題について議論をしました。話は簡単で、要するにパーキングが使えなくなったら畑にするということです。畑にして、ドイツのクラインガルテンではありませんが、色んな形の自給自足をして、そして比較的自足的な生活をする、つまり都市を農村化するということを考えた方がいいのではないかとなりました。[*10] だいたい歴史を研究していますと、ある場所の人口が減少するなど、〝衰退〟した場合に、もう一回その場所が元（人口が増加する前）はどうだったのかを調べなければなりません。これはその場所が元はどうだったのかを、もう一つ高い次元で編成し直すことを意味します。進化と退化の統一ですね。山梨や水戸の普通の人たちが、必ずしも自覚的ではなくてもそのような形で、言わば現実の生活でそのことを表現していると思われます。存在するストックを発見し運用する創造性ですね。

さらに難しい問題があります。例えば大前研一さんという人がいますが――嫌いな人も多いのですが、彼が書いた本で[*11]批判しているのは、さっきお話ししたように五〇〇円あると大体生きていけると人々が思っているところです。五〇〇円でスーパーに行って、違う種類のおにぎりを五つ買えば、だいたい三食なんとかなり、最低限生きていけるという考えです。大前さんはこれについてかんかんに怒っていて、つまり家が欲しい、車が欲しい、結婚したい、などということを考えないというのは、非常にけしからんというわけです。彼は高度成長の時代のように欲望をもっと持たなきゃ駄目だと言っているわけですが、これは二つの意味で的外れだと思います。一つは低欲望と言っても、本当に低欲望なのかどうかという問題、というよりは欲望の質が変わったことを見ていない点です。もう一つは、そんなにお金がなくても人間が生きていけるという事態が存在する、生活水準が非常に底上げされている事態とその意味を見ていない点です。一日五〇〇〇円とするとひと月一万五〇〇〇〇円になり、それだけのお金を得るには、せいぜい一週間くらい働けばよい。それで当面食べていけるというのは低欲望であるのかというと、そうではなくて、あとの膨大な暇な時間は好きなことをやれるわけです。この好きなことをやるということが、すごく大事です。未来の問題というのは、そういう好きなことを、どういうふうに社会の中に位置づけ合うのかということだと思うわけです。今、私は山梨のある中山間地帯を調査しているのですが、あそこもあまりお金が必要ないのです。茨城でも同じように自給自足プラス物々交換プラス多少のお金があれば済んでしまうことを先述の斎藤義則氏も語っていました。都市でも農村でも、つまり全国的に、衣食住のために強制された労働ではない形での時間がものすごくあるわけです。それはこの半世紀のストック、つまり驚異的な生産力の発展と生存権保障の定着によるものです。自己破産しても最低限の生活は保障されるのです。相当資本主義的な論理を基本に置くAI（人工知能）の研究でもそれによってつくられた社会では創造的か否かという格差はありますがすべての国民に生活は保障されるといわれています。[*12] 貧困といっても子供の人権一一〇番とか様々なセンターなどにアクセスできれば最低限の生存は保障されます。つまり一面ではデファクトにベーシックインカムが実現しているとも言えます。膨大な生産力とストックから言えば当たり前のことです。現代のこの生活するための、あるいはお金のための時間でない膨大な時間は新しい地域、生活、コミュニティ、経済、産業の基盤でしょう。そしてそれは非営利非国家の特徴を持つ協同主義の豊かな基盤でもあるでしょう。このことは、様々なコミュニティの重層的な形成に関わる、未来の問題として考えたいと思っています。未来の問題といえば、先にデファクトにベーシックインカムが実現している、と述べました。ベーシックインカムは、まだ現実化していない、という議論がなされていますが、上述のように制度的・非制度的なセーフネット、高齢化社会における大量の年金生活者の存在などが意味するものは、既に直接の資本主義的生産関係の中で生活していない人々の存在による自由主義と協同主義の混合社会が現に進行していることでしょう。さらにその次の「未来」をみればその新しい生活、コミュニティ、経済、産業を基盤にした新しい「成長」、新しい高次の「自由主義」が展開すると考えられます。

パートⅡの問題に戻りますが、そこでは私は多元的アジアにおける安全共同体をどうつくるか、それから政治は連合政権体制、経済システムは民需中心で協同主義と市場主義との混合経済、法律は日本国憲法、地域は地方分権、等々の形でオルタナティヴを出しています。それを、さっき言ったような話を入れた上で考えるとどんな課題があるかということで、無理をしてまとめたのが以下の三つの課題であります。これは一昨年（二〇一四年）に安倍内閣論を書いた時に一生懸命考えたのですが、いずれにしても脱戦後体制の問題については、安倍内閣に反対するのであれば、どういう課題が存在するのかということを、その論文では三つの課題としてまとめてみました。[*13]

第一には、歴史的に異なる社会格差の存在です。それは先程も言ったように、古い格差だけではなく、新しい形の格差を含めて存在してきている。そういう、低成長での福祉が非常に重要になってくる。それをこれまで通りの経済成長以外でどういう方法で克服するのかという問題が、課題として問題にしなければならないだろうというのが一つあります。そして、この段階での「成熟社会」ですから新しい需要がみつからないのに、これまで通りの「成長」を求めて国債と低金利でその場しのぎの問題の先送りで脱税と内部留保と旧来の「公共事業」のバラマキしかない状態を打破するためには、消費税と法人税の税率を引き上げることや前述の遊びのネットワークをもった膨大な人々もふくめてストックされたものを使いこなし、現在の六人に一人といわれる子供の貧困の克服や未来の格差是正の為にも教育の無償化もふくむ社会保障も一層充実させて、人々が好きなことを思い切り出来るしくみをつくることでしょう。その過程を経てこれまでと質の異なる〝成長〟があらわれるでしょう。つまり新自由主義というより、現在の資本主義そのものにかかわるその場しのぎに質的＝歴史的な区切りを入れることです。第二は外交の問題ですが、アメリカに頼らずに非軍事的な方法で、例えば最近の中国の力ずくのあり方への対処を含む、アジアとの現実的共生をどう築いていくかという問題です。第三には、経済成長もないし人口も増えない中で、地域の持続をいかになしとげていくかという問題です。特に地域には福祉の拠点があるわけですから。大きく言って以上の三つが課題だろうと思います。

3　各サブシステムと協同主義

その課題に対して私は表1のパートⅡのところで、それぞれに答えています。この中で、国際システム、政治システム、法システム、社会システム、地域システムという脱戦後システムを構成する諸要素を各サブシステムと呼んでいますが、それぞれについて協同主義との関係で話していきたいと思います。

政治システム

まず政治システムの問題があります。それまで一九五五年体制の中で、ある意味で一党優位の政・財・官の体制で、自民党に全部お任せで済んできました。それが良くも悪くも終わってしまうと、その後どうするかという問題について、リアルな議論をせざるを得なくなります。これはかなり実践的な問題としてイメージされているのですが、例えば私は小選挙区制、二大政党制ではなく連合政権であるということをずっと主張してきました。[*14] どういうことかと言うと、小選挙区制に変わる時、私の先輩や同僚・関係者たちが、政治学者の佐々木毅さんも含めて、イギリス型の小選挙区制でウェストミンスター方式で二大政党で政権交替だと、そういう話がずっと行われてきました。しかし私は、どうも違うのではないかと、現代社会およびそれぞれの歴史を持った国というのはそんなに単純ではないのではないかと感じていました。

この点に関して、これは一つの例でありますけども、イタリアの「オリーブの木」という政党連合のあり方があります。[*15]「オリーブの木」が面白いのは、一九九四年に旧来の政治体制が変化し（冷戦体制のあとのイタリアにおけるポスト戦後体制の始まり）一二の政党が結集したものです。特に共産党が変わって、その多数派が左翼民主党となります。この党はその綱領で「各人の自由な発展が万人の自由な発展の条件であるような協同団体」としての社会をめざすと書いています。[*16]その党がカトリック勢力と言わば共闘するわけです。組織的に合体するのではなくて、連合政権・連立政権をつくる。ここでのカトリック勢力が非常に面白いのは、一九世紀ぐらいから、淵源はもっと前からですけれども、社会カトリシズムと自由主義カトリシズムという対立の潮流がカトリックの中にあります。[*17]特に「オリーブの木」の元になっているのは社会カトリシズムの側であることです。私は宗教学者ではありませんが、カトリックのことを色々調べてみると、中世のギルド的なところのイメージに基づくコーポラティズムの要素もあり、それに近いような形で、ある意味で協同主義的な性格を持っている政権が「オリーブの木」なのです。そのように「オリーブの木」自体は、新自由主義プラス新権威主義のような冷戦崩壊後に新しく出てくる勢力、たとえばベルルスコーニ連合のような潮流と対抗するような中身を持っているわけであります。

もちろん、日本ではイタリアの「オリーブの木」のような形をまねることではなく、また二大政党制、その為に〝受け皿〟をいつもつくらなければならない、という思い込みからも自由になるために日本の歴史的現実から考えることです。その観点から私は、日本では自民党はどうつくられたかという話を論文で書いていますけども、自由民主党は必ずしも自由主義ではなくて思想的にも人脈的にも組織的にも協同主義的な中身を持った要素をいっぱい入れて作られています。[*18]だから日本では例えば、自由主義と協同主義という形を一つの軸にすると、自民党のかなりの部分が協同主義であり、経済界のかなりの部分が協同主義的な側面を持っています。[*19] すこし企業の歴史を調べるとすぐわかりますけれども、グンゼとかトヨタとか第一生命とか、様々なところで単純な自由主義ではない面を持っています。だから日本の企業がアメリカと異なって長く続くのは、協同主義の側面をもつからだと思います。したがって、協同主義というのは実践的な意味で多数派が——単純な対抗という意味ではなくて——形成されるような、そういう歴史的・現実的な根拠があるということになります。それゆえに日本の場合自由主義と社会民主主義の軸でなく、自由主義と協同主義が軸になっているがゆえに、その両者をふくんだ自民党を中心に二つの要素が展開する政治システムが、現実的である側面があります。二大政党制ではなく、それゆえ単純な受皿論でない、多様な連立形態が考えられます。「オリーブの木」では左翼と社会的カトリシズム派との連立があったわけですけども、その歴史を少しさかのぼると、これに関連するのが戦前の哲学者・三木清です。三木は様々な形で協同主義について書いています。[*20] これは歴史家の塩崎弘明さんのお仕事に基づくものですが、三木が、社会カトリシズムに基づく回勅を訳すという仕事をしていました。その回勅と彼が昭和研究会で書いている協同主義が似ているという問題を彼が明らかにしています。一九三〇年代に研究会を共にしていたカトリック哲学者のクラウスの唱える「社会連帯主義」と三木の「協同主義」は「連帯」「補充的助力」（補完性原理――雨宮）「反近代」「中道」の思想を共有していること。一九三一年五月の「社会回勅」の「階級間の争いを終息せしめて、職能団体の和合的協力を奨励促進」「職能団体的秩序の再建が社会政策の目的」という内容と、三木の階級を超えたかつ身分的でなく機能的な職能的秩序との相似性の指摘です[*21]。ここにも良いか悪いかではなくて、考えてみる意味があると思います。ここでは日本のみならず、イタリアの「オリーブの木」もこれまでいわれてきた中道右派左派ではなく、自由主義と協同主義で再定義しましたが、これは日本の現在を考える場合も、本書「はじめに」で述べたように、第一・第二の国体と自由主義・協同主義の二つの軸で四象限にすれば、公明党・共産党・経世会は第二の国体と協同主義、宏池会は、第二の国体と自由主義などなどで、会派の連立と内容が新しくみえてきます。さらに民進党も共産党などもそれぞれこの軸を見通して自覚的に変っていくことが重要だと思います。また第2章の山梨県戦後政治（七九頁）の「連合」も参考になるでしょう。

国際システム――九条・内外の協同主義・非欧米の思考

次に、国際システムの問題です。この問題は先に言ったように、私のオルタナティヴのパートⅡ、つまりアジアの現実的共生をどうするかということに関わってきますが、この問題をどうするかということを、多元的アジアにおける安全共同体の構築だとしているわけです。これがどう可能かという問題について、まず重要なのは、私がいろいろな本の中で言っているのは、一つには戦勝国体制によって作られた日本国憲法第九条です。二つにはこの九条と、内外の協同主義経済、つまり資本主義経済ではなく非営利、非政府・非国家の経済、そういうものを日本だけではなくて中国も含めて、アジアを含めて作っていくことです。そして最後には非欧米の思考という、この三つぐらいがアジアにおける一つの協同体を作るときの、現代におけるコンテンツではないかと考えるわけです。そして九条および憲法前文をきちんと読むと上記の協同主義及び非欧米の思考と通底するところ大だと思います。

新興勢力への対処の仕方

それからもう一つは、既成勢力の新興勢力に対する対処の仕方の問題があります。これは私も歴史を研究していますのでわかるのですが、大体戦争というのは既得権をもった部分と新興勢力があって、既得権をもった部分が新興勢力をつぶすとか押さえつけるということから始まるわけです。それを民主主義と専制の対立とか言うのは、既得権益を持った側が、そのように物語ってしまうだけのことです。そうすると、私は、新興国に〝正しく〟既成の勢力が譲る、意識的にシェアをする、そういうことによって自覚的に次の秩序を作るということをすべきだと考えます。そうではなく、既得権を持った部分やそれに追随する側と新興勢力とが真っ向からぶつかって戦争になる、ということがこれまでの歴史でした。それの端的な例が、自立性の放棄をもとめ、戦争になると殲滅、講和でなく無条件降伏、被占領者の全面「改革」という「無条件降伏モデル」ですね（雨宮『占領と改革』岩波新書、二〇〇八年、Ⅵ頁）。それに対して、その事態をどう超えるかという問題を考えざるを得ないと思うわけです。最近の私の論文[*22]のなかで、そのことを書いています。簡単に読ませていただきますと、「新興国を押さえつけたりつぶそうとするのではなく、新興国の力を対立や戦争にならないような次のシステムを既成の秩序に権益を持つ既成の勢力の側が考え、その構想に即して新興国にゆずり、時には〝従属〟するような〝善導〟の必要もあろう。その意味で構想力や外交力が問われていると言ってもよい。そして筆者はその基礎は、戦争を不法とする国際的な不戦条約を継承する憲法第九条と激しい対立を生む新自由主義を相対化する内外の協同主義であろうといまのところ考えている」。これにナショナリズムの相対化も加えたいと思います。つまり新興勢力に既成勢力が譲りつつ、「ならず者」にせず、新しい国際秩序の担い手とし、その責任主体にする方向性とその内容です。四〜五〇年前に「核戦争も辞さず」といっていた中国が今や、一面では責任主体として行動しているのはその例です。「無条件降伏モデル」の終えんかも知れません。さらに既成のマジョリティーの側（正確にはその一部）が変わることによって地域を再建した例が水俣市にあり（雨宮『近代の越え方』一六六頁）、それも参考になると思われます。これらは現在の私の構想ですから、もしおかしいと思ったら、皆さんの方でもっといいのがあるぞと言ってほしいと思います。日本が難しいのは、戦勝国体制で割を食っているのだけれども、冷戦体制の中では非常に楽なポジションに入って、既得権益の連合国の主流派についてずっとやってきたのを、それをもはややっていけなくなるという状況で、それを自明にしないでもう一度考える必要があることです。歴史家の進藤栄一さんという方が、比較的最近アジア共同体の話をしていて、彼が色々な本でまとめています。どうまとめているかと言いますと、バンドン会議が一九五五年に行われますね。つまり、植民地から独立した二九ヵ国が集まってASEANになり、さらにASEANプラス三（日本、中国、韓国）、さらにプラス一〇という形でだんだん広がっている。かつFTA（自由貿易協定）という形での、域内の自由貿易のあり方とか、それから通商共同体・生産共同体、建設共同体みたいなものが、いまASEANプラス三ぐらいのところで出来ていることが詳しく見るとわかります。さらにAIIB（アジア投資銀行）の問題がありますが、新藤さんがこれはヨーロッパも含めた形で、アメリカを中心としたシステムではない形で、世界のあるいはアジアの新しいシステムを作りつつあるものと言っています。進藤さんは日本はＡＩＩＢに参加すべきであり、中から中国のことも変えていくべきだと主張しています。そのことが対米従属からの脱却になるというわけです[23]。果たしてＴＰＰ vs ＡＩＩＢで済むのか、どちらも資本主義的な市場主義と拡大再生産の原理を前提にしていますがそれを超えるような何かを用意しているのか、いろんなことを考えなければならないわけです。私の立ち位置としては、第一にアジアにおける非営利・非政府の協同主義の要素の強化、第二には既成の政治勢力が新興国にどう譲るかという、譲り方の問題として考えたらどうかという点にあります。譲り方とそのコンテンツとしての九条と協同主義です。

九条と国際関係と協同主義

それから第九条の問題について、これを冷静に見ると非常に面白いわけです。私は素人なのですがタゴールとかガンジーの著書とか、仏教の教典や論語などを読んでいると、明らかにキリスト教的、プロテスタンティズムの論理とは非常に違う内容を持っているということがよくわかります。例えば、イスラムの場合の無利子の経済、仏教の利他の問題等々は、やはりアジアの道義という問題と関連していると思います。そして前述の問題に共通する中身を結構持っています。つまり対立・競争して稼いでいくという論理とは違う論理があるわけです。国際コミュニティの問題を読み込み得るということになります。ここで非常に面白い論点は、第九条は手続き的には戦勝国体制によって与えられたものですから、したがって戦勝国体制にそれを広げるという、真っ当な正統性を持つことです。つまり、国際的な約束として憲法九条を日本に与えた以上、戦勝国にも守る義務がある、という議論は可能なのではないか、ということを私は考えています。これは「押し付けられた」ことをネガティブからポジティブへの価値転換、世界史のまっとうな展開にふさわしい逆転ではないでしょうか。数年前に日本などの国連常任理事国入りの問題がありました。私はその時、九条を戦勝国によって与えられ、それを自ら選び取り、それを持続させている敗戦国日本を戦勝国体制の重要な一部である国連の常任理事国にすることは、戦勝国体制と冷戦体制の最も創造的な克服のひとつになりうるし今後もなりうるだろうと思っていましたし今もそう思っています。右の両体制の克服という点では、戦勝国の原爆投下による被爆という恐ろしい被害に当然あってよい復讐心を押さえて核兵器廃絶という友敵関係を高次に克服することを提起してきている被爆者たちの動きとも共通のものを有しており、また「慰安婦問題」への対応とも関連していると思います。[*24]

それからもう一つ、協同主義の問題について、協同主義の問題はまだうまく全部説明できないのですが、昭和研究会を含めて日本の歴史的な知をきちんと見なければいけないと思うわけです。[*25] 協同主義の経済を内外にということで、少しお話ししたいわけですが、これは三木清や有沢広巳（経済学者）や蠟山政道（政治学者）などが戦前に、「東亜の統一・調和と自由主義と全体主義とは異なる資本主義の問題」＝利潤動機とナショナリズムの「克服」「解決」の仕方としての「協同主義」ということを言っています。[*26] 資本主義による格差や失業や階級間の争いや帝国主義に現れる問題とナショナリズムの問題が、まさに一九三〇年代、四〇年代に露呈されていて、それをどう異なる形で克服するかという問題を考える必要があったわけです。

経済システム

経済システムの問題ですが、これは先ほどお話ししたように、自由主義経済と民需中心の協同主義経済との混合経済です。市場主義か協同主義かという対立軸は自明性がなくて、協同主義はある意味で資本主義より前の様々な要素を持っていますから、自己完結的なものではなくて、それは資本主義あるいは市場主義との混合経済という形で、市場主義をコントロールすることが必要になります。その時、一つには死の商人国家にはならない、ということです。死の商人、つまり武器を売って多くの人間が生活するような国家です。例外的にそれにならなかったことは人類史に残る貴重な財産だと思います。死の商人国家の何が怖いのかと言うと、「悪辣な軍事資本家」

の問題というより、普通の人が軍需産業で生活しなければいけないというのが死の商人国家の源であることによります。普通の人が生活のために軍需生産を行うことが、戦争を支持する力をつくるのです。

そして二つには、G（貨幣）―W（商品）―G'、という資本の論理、つまり、利潤を常に出さなくてはならないということではなくて、W―Wの商品交換とか、あるいはG―W―Gという利子がつかない形で貨幣が流通するという形を意識的につくっていくことが必要であろうと思います。

さらに三つ目として、無制限の資本の支配を社会的にコントロールする非営利・非政府の経済です。例えば、非営利・非政府の諸集団・組織・団体、それから身分でない機能としての職能、そして階級でない経営協同体の問題などです。これもマルクス主義者から怒られそうですが、所有と経営の分離をするということによって、実際に働いている人たちがイニシアティヴを握るというシステムとして、ずっと議論が出てきているものであります。農村では、地主が中心のシステムから、経営者・生産者としての農民たちがイニシアティヴを握る経済です。都市の場合も、大企業は一九二〇年代には株主やオーナーがイニシアティヴを握ったのですが、戦時体制では利潤ではなくて「公益」を原理としたシステムになります。昭和研究会の笠信太郎（ジャーナリスト）や有沢広巳などが、非常に鋭い議論を展開していたのですが、例えばそこでは、最高経済会議において資本主義をコントロールするような形の経済が提案されています。[*27] 戦後に生産管理闘争というものがありましたが、調べていて驚いたのは、従業員とか労働者の能力が非常に高いことです。それはやはり戦時中以来の、経営者と従業員とのイニシアティヴの問題に由来するあり方だろうと思います。これは予想される財政破綻時の生活確保のための協同組合、自主管理などにも関連すると思います。

地域システム

次は地域システムの問題です。これは地方自治と分権ということになりますが、私はこれまでの本の中で、地域において戦後体制を超えようとする様々な形の動きを指摘しています。たとえば、地域の中の退職者のクラブとか、神奈川のワーカーズコレクティヴとか、日立市塙山学区の住みよい町をつくる会などです。一九九〇年前後、まさに冷戦体制が終わった後、地域が今までの旧中間層中心で、補助金や町内会で運営するような形がガタガタに崩れて、必要なことがなかなかできないような状態になっていったことに対して、色々な形で別の実践を行っていったわけです。例えば、[*28] そこでは「戦後第二期の高度成長の『成果』（たとえば生産力の向上）を、欲望の『高度消費社会』的『解決』ではない、また市場全体主義のように弱肉強食でない形で展開し、現実化する、多様な働き方や生き方を実現するような新しい時間、空間そして物語をつくりつつあるだろう。それはまた脱戦後体制の地域自治と公共性の具体的形態であり、もう一つの脱戦後体制を具体的、歴史的に形成しつつある」（傍点原書）と言っています。さらに[*29]「以上のように地域において〝補助金政策〟や、外発的発展を内容とする五五年体制や、画一的規模や基準を内容とする企業中心社会、それらに相応した地域社会システムでは必要なことをカバーできない事態に対して住民自体が生活の仕方や働き方の基準、規格を変え、生活に必要なサービスや雇用を創りだし、同時に「生きがい」や「居場所」を共同的につくる公共空間を形成しつつある。それが二級三級の市民として存在していた女性、高齢者などを地域社会における多様な主役の一つとして登場させ得た舞台でもあった。同時に多様な主体で関係を構成し、各々の境界をつくりなおし戦後体制の地域における展開過程でつくられ、固定化された場と主体の定義を解体し再定義している」（傍点原書）と、少しこ難しい表現ですが、集約するとそういうことになるのではないかと思います。

私は丸山眞男さんの大学院の最後の授業に出ていましたし、他に松下圭一さん（政治学者）なども大好きなのですが、あの市民主義ではもたないだろうと思っています。市民主義というのは、社会的地位に関していえば、アッパーミドルの新中間層、新住民のためのイデオロギーなのです。

例えば松下さんたちは、労働組合が行った職場ぐるみ・地域ぐるみというのは、共同体的で古いものでけしからんとか、旧中間層は前近代的だから排除しなければならず、結局個人が自立しなければ駄目だと、そういう話をしていました。そのことによって、コミュニティを徹底的に解体するという方向になるわけであります。しかし、具体的に言えば都市における旧中間層と新中間層との新しい協同関係をどうつくるかという問題を提起することなしに、自治などやっていけるわけがないのです。新中間層だけでできる地域の自治は非常に限られた地域です。誰もそういうことを言わなくて、市民主義を語ってしまったことにリアリティのなさがあったと思います。その点で、地域ぐるみ・職場ぐるみなどの方針、旧中間層による地域コミュニティの運営などは再評価が必要で、たとえば今の地域包括支援センターなどの問題は、地域の多様な主体が様々な形で福祉をつくっていかなければならないことを意味しています。都政調査会という美濃部都政をつくった主体について調べたことがありますが、これも戦前の協同主義の勢力が大部分でしたね。[*30] つまり「市民主義」といわれてきた革新自治体を本編で述べてきたような協同主義の文脈で再定義・再位置づけできるわけです。さらに高度成長の時代に展開・伸長し、革新自治体―協同主義を否定した新自由主義により展開した〝個〟を前提として、それをふくんだ新しい協同主義の時代に次はなりえましょう。

労働と協同主義

次に労働の問題です。一九四〇年代、五〇年代の総評が、「戦前（昔）陸軍、現在（今）総評」などと言われて目立った時代で事務局長が高野実の時が注目されます。高野の後の太田薫・岩井章路線は、もちろん平和四原則を守ってもいますが、労働力を商品としてどう高く売るかという経済主義と呼ばれるものであったのに対して、高野はコミュニティ路線でした。つまり経済主義に解消されない形で、労働者以外も含めて、日本社会全体の生活をどうするかを考えていくという点に特徴がありました。これについては当時、高野が言う職場ぐるみ・地域ぐるみというのは、戦前からの非常に古いもの、封建的なもので、人間の自立性を歪めるものであるという批判もありました。

高野の師匠に猪俣津南雄という経済学者がいて、彼はアメリカの共産主義のサンディカリズムに非常に近い人でした。[*31] サンディカリズムは、古いとか新しいとか言うよりも労働者組織主義、ある点において無政府主義で、つまり職場で労働者が権力を握るということですから、その意味で協同主義の系譜を担っているということになります。高野はだからこそ労働者の自治能力、統治能力、政治力の向上を主張し、主権的国家を超える社会自治を考えているのです。高野は政党からの労働組合の「独立」を熱心に主張し、労働組合が国の経済再建のために経営者と政府と協同し指導力をもつ「経済復興会議」をつくりました。コーポラティズムの実践です。[32]さらに総同盟から同盟、連合と続く流れの中で、労働そのものと労働する場を大事にし誇りをもつ意味での労働観は、高野の労働組合主義とも、また日本の家業主義（渡辺浩）のエートスとも関連していると思われます。以上の労働のあり方も予想される財政破綻時における労働のあり方にも具体的な示唆を与えるでしょう。

社会と協同主義

それから社会の問題について、「基本的人権を保障した民主主義の制度が存在し……国家や資本から自立した多様な空間＝コミュニティが存在する……近現代日本において、以前にも以後にもなかった固有な社会」としての一九五〇年代の日本社会については、[33]『戦時戦後体制論』の中で詳しく書いているので、興味ある方はお読みいただければと思います。

アジア社会についても、例えばＮＨＫの番組などで放送していたのですが、アンコールワットを中心に生活している人たちが功徳という形で、みんなでお金を出し合って生活を維持しているということがあります。一生懸命働いて稼いだ人が、そのコミュニティに寄付をするという形で社会を回しているという意味で、社会的再配分です。ほかにも、自分の子供を僧侶の得度式に出す場合、これは一〇〇万円くらいかかるらしいのですが、これは働いて貯めたお金をつかいます。近所やまわりのお金のない家の子供たちにもお金を出し、この得度式のために一〇年あるいは一五年分働いて貯めたお金をみんな使い切ってしまい、そしてまた働き出すということがごく普通に行われているそうです。そういう社会のあり方もあるわけです。

他にも諏訪の御柱祭《おんばしらさい》というのがあります。この祭りは激しいものなので人が死ぬこともありますが、近代国家ができる前から存在しているものですから、文句を言われないわけです。この祭りでは、沿道の地元住民の人たちが七年か八年お金を貯めて、全部見物人にただでご馳走するということを行っています。その散財の気持ちよさというのは、時間や金を惜しんでろくな生活をしていない人間たちと比べたら、実によい生活をしているのではないかと私は思いました。もちろんその基礎に日常的な相互援助関係があることは自明です。

むすびにかえて

最後に、協同主義をめぐる今後の課題についてお話をさせていただきたいと思います。

第一には、協同主義の理論についてです。ギルドソシアリズム、コレクティヴサンディカリズム、多元的国家論、職能国家論、組合国家論、協同組合論、コーポラティズム等々、もちろんその中に、社会カトリシズムの問題とか、仏教の問題などがありますが、そういったところを詰めていきたいと考えています。

第二には、協同主義の型についてです。シリーズ日本近現代史の『占領と改革』（岩波書店）の後に出た、シリーズの著者九人全員が書いている『日本の近現代史をどう見るか』の中で、私は上からの協同主義、下からの協同主義、国家的な協同主義、社会的な協同主義、自由と平等の問題、それからアソシエーションとコミュニティの問題などの問題から議論を出発させようとしています。[*34]

第三には、協同主義の歴史です。前近代について言えば、例えば講とか無尽とか報徳思想とか、様々な形での協同主義的な思想をどう評価するか、そして近代になってどうなったかという問題について考えていきたいと思います。他には、日本国憲法の生存権の根拠を非常に説得的に展開したとされている我妻栄（法学者）が一九四六年から四八年の間に言っているのは、日本国憲法の生存権は自由主義の国家論からは出てこない、それは協同体的国家論からしか出てこないということです。[*35] さらに「戦争という事実を歴史的発展の過程における単なる挿入物とすることなく、これを一段階としてその進歩を続くべき人類の使命から見て、戦時中に示された勤労の奉仕性、企業の公共性、「社会連帯」の思想は、どうしてもこれをもって平和日本の建設の中核的理念としなければならない。……経済的「復員」立法は……「経済的民主主義」（でその）立法は所有と経営の自由に対する統制立法たる性格を有する」[*36]とも述べている。日本国憲法に、理論的な説得力を持たせているのが、自由主義ではなく協同主義、協同体的国家論であるということが、当時の我妻の文章を読むとよくわかります。つまり「戦後民主主義」は協同主義によって当初は定着した側面があるということですね。これは、現代の問題を考えるときに、一つのアイテムとして、財産としてどう持つかが非常に重要です。つまり、単純に共同体がいいとか悪いとか、封建か近代かという事態ではなかったのです。しかし、我妻みずからは五〇年代後半には個による契約論のほうに〝転向〟します。戦後体制の言説生産を担うわけですね。私の友人で東京大学で政治史を教えている酒井哲哉という人が面白いことを言っているのですが、欧米的な社会契約論的な国家の論理が日本で一般化するのは一九五〇年代以降で、五〇年代の初めまでは、協同体的国家論が支配的であったというのですが、実際そうだったのです。[*37]さらに考えたいのは敗戦後の困難な時代には協同主義が支配的で、高度成長になって個人の社会契約論に基づく自由主義が支配的になり、そして低成長の段階で再び協同主義が要請されるという循環が認識できそうなことです。もちろん後者の協同主義は高次のそれです。この問題についてもぜひ考えていきたいと思います。最近の問題ですが[*38]、三・一一の復興の仕方について、特区をつくり外部資本を呼びこむ宮城県知事は非常に新自由主義的で、協同組合的な理念でローカル性を維持しながら復興を図る岩手県知事は協同主義的だというものとしてその違いは説明できると思います。そして同じ注＊38の本では、ドイツにおける原発反対運動は膨大な数のエネルギー組合が主導していると書かれています。これらの問題も考えていくと面白いのではないかと思います。

第四は、非国家・非営利のシステムがいかにして構想され実現されたか、またされ得るのかという視点から、報徳思想、仏教、儒教、カトリック、三木清、柳田國男などを考えていくことです。たとえば報徳思想は江戸時代と明治以降とでは違います。柳田國男は非常にもてはやされますけど、もともとの報徳思想はコミュニティの中でどう相互扶助のシステムを作るかということを考えていたなかで出てきたわけですが、それに対して柳田は国家と資本に沿う形で報徳思想を編成替えすることを主張しています。しかし、いま必要なのは国家や資本に寄り添う形で改変されたものではなくて、国家や資本がなくても生活できるような仕組みをきちんと取り出して、そのことをそれ自体として顕在化させていくことにあります。つまり、報徳思想が全体として国家や資本に適合させなかった側面に光を当てて問題を考えたら、クリエイティヴな議論ができるのではないかと思います。儒教についても「国家」の学として朱子学に構成されるまえの論語から見ることです。それはたとえば礼ができあがった国家にあわせたふるまいというよりも多様な共同体、コミュニティで生きるために不可欠な、むかえ入れ・むかえ入れられるための流動的なものという解釈などです。

このようにわからないことだらけなので、一緒に考えましょう。[*39] ご教示の程をよろしくお願いします。

（付記）本稿は二〇一六年四月一〇日に東京農工大学で開催された「文明フォーラム@北多摩」で報告したものをもとにしている。

注

＊1　雨宮昭一『戦後の越え方——歴史・政治・地域・思考』日本経済評論社、二〇一三年、二〇五頁。

＊2　同二〇六頁。

＊3　同二二三頁。なお、本稿での非営利、非国家、非政治に関る協同主義は、柄谷行人の交換様式、社会構成体、国家の態様における「どの国にも実際に存在したことのない」「現実に存在しているわけでない」D次元とされるもの（柄谷『世界共和国へ』岩波書店、二〇〇六年、五・二二頁、同『世界史の構造』岩波書店、二〇一〇年、五頁）と関連し、〝高次の贈与の回復〟も意図している（なお、本書第6章二一九頁参照）。

＊4　同二三六頁。

＊5　雨宮「占領改革は日本を変えたのか」『日本の近現代史をどう見るか』岩波書店、二〇一〇年、一七四頁。

＊6　中田潤「ドイツ連邦共和国における戦後システムと歴史認識」『年報　日本現代史』二〇号、現代史料出

版、二〇一五年。
＊7　戦時と戦後の社会認識、国際認識については、酒井哲哉『近代日本の国際秩序論』岩波書店、二〇〇七年。雨宮前掲『戦後の越え方』より。
＊8　ただし、筆者は既に坂本義和氏の「ポスト・ナショナルデモクラシー」を肯定し、その実現の為には「国際的協同主義」が不可欠な契機と内容となろう（雨宮『戦後の越え方』二一〇頁）と述べている。その観点から戦後デモクラシーの出発を再構成するのは、次の課題である。
＊9　浜矩子『さらばアホノミクス』毎日新聞出版、二〇一六年。
＊10　都市の農村化については斎藤義則「水景・共同性・女性原理による庭園自給圏都市の再構築に向けて」『茨城大学人文学部紀要社会科学論集』六一号、二〇一六年、六一頁。
＊11　大前研一『低欲望社会――大志なき時代の新国富論』小学館、二〇一五年。
＊12　マレー・シャナハン『シンギュラリティー』NTT出版、二〇一六年。
＊13　雨宮昭一「安倍政権と戦後システムのゆらぎ――同一の未解明の歴史的課題のさまざまな解き方」唯物論研究協会編『転換する支配構造』大月書店、二〇一四年。本書第4章に収録。
＊14　雨宮『戦時戦後体制論』岩波書店、一九九七年、xii頁。
＊15　『日本大百科全書』小学館、一九九四年版。
＊16　後房雄編著『大転換――イタリア共産党から左翼民主党へ』窓社、一九九一年。
＊17　伊達聖伸「『二つのフランスの争い』のなかの社会カトリシズム」『上智ヨーロッパ研究（五）』二〇一三年。
＊18　雨宮前掲「占領改革は日本を変えたのか」一七〇頁。なお、著者は『戦時戦後体制論』では保守党内では協同主義の名前が消えて協同主義が減少していく、と述べているが、それをここでは修正していることを断っておく。

＊19　雨宮前掲「占領改革は日本を変えたのか」一七五頁。
＊20　『三木清著作集』第一七巻、岩波書店、一九六六年。
＊21　塩崎弘明『国内新体制を求めて』九州大学出版会、一九九八年、二四九頁。
＊22　獨協大学地域総合研究所『地域総合研究』二〇一六年三月号に載せた、雨宮「日本政治史と地域の過去・現在・未来――甲州、水戸、石見」（本書第2章に収録）。
＊23　ウェブにあるアジア共同体に関する進藤氏の著作より。
＊24　関連して「慰安婦問題」がある。日本では、原爆の碑や式典、イベントは、どこにおいてもあたりまえと思われるが、アメリカ人は、それに対してそう思わない。それは、「慰安婦像」に対する日本の反応と共通している。ここでも日本の側が「原爆碑」や「被爆者のイメージ」と同じ論理で戦時性暴力の克服という高次の位置づけをもって「慰安婦像」を遇することが、大事だと思われる。
＊25　雨宮前掲『戦後の越え方』。
＊26　前掲三木著作集。蠟山政道『世界の変局と日本の世界政策』巌松堂、一九三八年など。
＊27　「日本経済再編成試案」酒井三郎『昭和研究会』TBSブリタニカ、一九七九年、三五六頁。
＊28　雨宮前掲『戦後の越え方』一五九頁。
＊29　同前一五五頁。なお、人口が減少、高齢化しても地域をゆたかに持続するために人口増加する前の地域システムを高次に（生活の質など）再編成して行うことを、最近、著者もふくめて検討したものに、『日野市まち、ひと、しごと創生総合戦略』（日野市、二〇一六年、同市ホームページ）がある。
＊30　雨宮前掲『戦後の越え方』二二一頁。
＊31　篠田徹「〝企業別組合を中心とした民衆組合〟とは」（上）『大原社研雑誌』五六四号、二〇〇五年。
＊32　『高野実著作集』第一巻、拓植書房、一九七六年、二四〇、三九二頁。

＊33　雨宮前掲『戦時戦後体制論』一六一頁。
＊34　雨宮前掲『日本近現代史をどうみるか』。
＊35　雨宮前掲『戦後の越え方』二二〇頁。
＊36　我妻栄『経済再建と統制立法』有斐閣、一九四八年、二九五頁。註37、岸信介内閣の時発足した憲法調査会が改憲ではなく、押し付け論を相対化して日本国憲法を自前で描きその憲法の定着をすすめたことは、憲法領域における戦後体制の言説生産であった。そして五〇年代以降も社会国民主義派の人々の戦後体制の言説生産が行われたこともわかりはじめている。

なお、二〇一七年七月二二日の占領・戦後史研究会で、廣田直美『内閣憲法調査会の軌跡』書評報告を依頼されて行った。詳しい内容はその『会報』に載せられると思うのでごく簡単に述べる。本書は五六年岸内閣の時に作られた調査会が改憲促進の予測に反した理由を調査会内部の動きを分析して明らかにしたものでありその実証的貢献はたかいものである。それに対して私は、

1、二つの改憲――新憲法論

「感情的押しつけ論」に対応する「逆コース的改憲あるいは新憲法」のほかに「占領下に制定された故の押し付け憲法論」に対応する「逆コース的でない改憲あるいは新憲法」はどのようにあり得、それとの関係で五五年二月二七日選挙をどう位置づけるか。

2、四潮流と憲法

四潮流のうち自由主義派の美濃部達吉は明治憲法でよし（第一の国体）、社会国民主義派の矢部貞治、蠟山政道は「逆コース的改憲」に反対した（第二の国体）。つまり「第二の国体」の創作を主導する社会国民主義派がいる。

3、〝日米護憲連合〟による合作としての〝日米解釈改憲体制〟

非改憲の高柳グループと明文改憲でなく「運用」をよしとするアメリカとの微妙な合作作品としての日米解釈改憲体制。

4、キーマン二人の戦後体制構想――協同主義と日本国憲法の結びつき

矢部、蠟山とも協同主義的構想を持続し、かつ逆コース的改憲を阻止。かつ三木武夫のブレーン。改憲はしないと述べた池田首相のブレーン、池田内閣は〝立憲的開発独裁〟ではないか。だから自由主義派ではないのではないか。

蠟山の戦前戦時戦後にわたるフェビアン協会、内外職能原理、脱国民国家、協同的有機体的論理、戦後の福祉国家、世界福祉国家、そのための民主化と計画化などにとっては日本国憲法は不可欠。

なお、戦後史を自由主義と協同主義、第一の国体と第二の国体の四象限で考えることについては本書でも触れている。

＊37 ただし前註の如く五〇年代以降も依然として協同主義派が戦後体制保持形成の言説生産に関わっていることに注目する必要がある。

＊38 古沢広祐「3・11震災復興が問う人間・社会・未来」総合人間学会編『人間関係の新しい紡ぎ方――3・11を受け止めて』学文社、二〇一四年、五九頁。

＊39 今のところ、本稿で述べてきた協同主義と、福祉、日本外交、アナーキズム、中国社会、地域、立憲主義、現代法、沖縄などの関連の究明が要請されているように思われる。なお沖縄の基地については、筆者はかつて安保条約に賛成でも反対でも本土で均等に引き受けることを述べたが（『戦後の越え方』一〇五頁）その未達成もあって現在、沖縄の人々vs本土の人々という新しい二項対立が生じている。上記の課題達成のためにもこの新しい対立を克服するためにも「オール沖縄」「オール本土」の新しい分解、再構成が知の課題としてあるように思われる。

第2章 日本政治史と地域の過去・現在・未来
――甲州、水戸、石見

はじめに

ご紹介いただいた雨宮と申します。よろしくお願いします。講演を依頼された飯田泰三さんからは緻密でアカデミックではなくて、大まかでおもしろい話をというお話でした。その点、もともと性格が大まかなんですが、大まかでおもしろくないという話になることを恐れています。

きょうは、「日本政治史と地域の過去・現在・未来――甲州、水戸、石見」ということでお話をしたいわけですけれども、このテーマは、ある意味で非常に歴史的な意味があります。つまり甲州とか水戸とか石見が意味を持つ時代、地域が意味を持つ時代に入ったのはどういうことかということと関係すると思うのですが、日本の近現代史の中では、いわば一定の方向に向けて〝地域の個性とか特徴をすりつぶしていく〟ということをずっとやってきたわけですね。それがいいか悪いかはともかくとして、明治維新というのは非常に多様な人間の生き方とか気質とか、ものの考え方を持っている、いわゆる多様性を、ある面非常に一元的につぶしていく過程で、日本の近代国家と社会をつくっていく、日本人をつくっていきます。

それから同じように、例えば大正デモクラシーというのも、同じような価値観を日本全国にばらまこうということでした。それから、戦争というものがありましたね。あの戦争というのは、非常に日本中を均質化するということに、実はなったわけです。それから戦前だけではなく、戦後の「高度成長」というのも、非常に地域を均質化しました。ところがこの均質化してしまって行きづまってくるときに「地域をなんとかしなきゃなりません」というのがいつも起きてくるわけです。だから、日露戦争が終わった後の地方改良運動とか、それから大正期の民力涵養運動とか、それから大恐慌の後の経済更正運動とか、それらはだいたい官制の地域おこし運動なんですね。

いまの安倍内閣の「地域創生」というのも、ある意味では、ちょうどその行きづまりという歴史の転換期にあっていますね。つまり高度成長が終わって、かつ福祉も含めてなんとかしていかなきゃならないと。だけど、いままでは高度成長でいっぱい中央政府が貯め込んだものを、例えば補助金などを通してどんどん地域に出していたわけですね。そういうおいしい時代は終わるわけです。

しかし高齢化が進んで、そして地域はどこでも持続しなきゃならない。そうすると補助金は来ないわ、地域は持続させなきゃならないわと。ではどうするかというと「地域のことは地域の人たちが頑張ってやってくれ」と、だいたいいつもこの循環で行われるわけです。今度の場合も、そういうことになるわけです。

そのときに一つおもしろいのは、均質化の行きづまりを打開するために均質化していない地域の「個性」を〝一様に〟発見し、あるいは発明してがんばるのですね。顕彰会というのもその一つで、いつでも地域おこしのときに奨励されます。これは別に上からいつもそうなるのではなくて、中央政府が困ったときは、ある程度地方の人々も困ってるわけだから、考えることは違うけれども、やることは似てるようなことが多く、まあ、重なるわけですね。

その点でいうと、この顕彰会というのは、茨城にもありました。つまり、よく見ると立派な先祖というか、活躍した人がどこでもいるわけですね。いるけれども、いざ顕彰しようというと、ずっと続いてる地域でやるしかないのだということになります。しかし、例えばそれを民力涵養運動とか、経済更正運動がきっかけを与えるわけです。

地方を立て直すということはすごく大事なんですが、例えば民力涵養運動にしても、経済更正運動にしても、最初は国家もお金がないから、地域で自前でやれと。その手伝いはしますよという話なんです。ところが一九三七、八年あたりになってくると、それが戦争システムに変換されます。例えば「経済更正運動」などというのは、最初は全然それ自体としては戦争とは関係もない。ところが産業組合を中心にして地域を振興させますが、それが同時に総力戦体制における装置としての産業組合の位置付けのようなかたちで、戦争にスイッチされます。

これは別に取り越し苦労とは思わないけれども、安倍内閣の地域創生もいつそうなるかわからないということを、一方で知っておいたほうがいいと思うのです。地域創生で、みんな地域に働き場所をいっぱいつくろうよ、人口を維持しようよ、という話は、それ自体は全然問題にならないけれども、いままでの歴史でいうと、それがそのまま次の戦争のときのシステムにスイッチされるところもあります。私は別に、だからみんな怖がろうね、という話をしているのではなく、歴史を見るとそういうことがあるんです。このことは、また後で少しお話をしたいと思います。

ということで、長い目で見ると、意外にも私たちがいま生きてることに、昔の時代、例えば戊辰戦争などが影響を及ぼしているわけですね。例えば原発の立地だって、戊辰戦争で負けたほうです。もちろん違うところもあるけど。つまり戊辰戦争の結果が、例えば原発立地になって福島、まさに会津ですがああいうふうになりました。いつも、つい最近のことで物事が決まっているわけではまったくないということになるわけです。

そうなってくると、江戸時代はすばらしい時代だったという話しでなくて、江戸時代のそれぞれの地域がどう過ごしたか。江戸時代のその地域の人々がどう過ごしたか、ということは意外に現代まで効いてくる。あるいは、江戸時代の過ごし方は、石見も違うし、水戸も違うし、甲州も違うのだけれども、それを全部、同じ日本人が経験したものとして一つにまとめるというようなことがずっと行われてきたんだけれども、その辺は明治維新とか、総力戦体制とか、高度成長というのはそういうふうに物語られてきた時代だったわけです。

しかし、それがうまくいかなくなってくると、もう一度、地域の中でいわば低成長の中で地味だけれど、どう豊かに過ごすかという問題の、いわば文化的な意味も含めたかたちで、江戸時代の過ごし方をもう一度〝思い出す〟というようなこともありえるだろうと思うわけです。

特に低成長で高齢化が進んでいるわけです。ただ、高齢化が進むこと自体はしかたがないわけですね。人間がいつもどんどん増えつづけるなどというほうがおかしいわけで、ある程度減っていかなきゃならないわけですね。それにグローバル化の中で、地域がどう持続するかという問題を考えるためには、やっぱりそれぞれの地域の過去・現在・未来も考える必要がある。それぞれの地域の特徴をお互いに知っておくことが必要じゃないか、というふうに思うわけであります。

だからその意味で言えば、非常に雑に「私は日本人だ」などと言わないほうがいい。後からお話ししますように、私は山梨県で生まれて、山梨県で一八年過ごして、それから東京で一〇年ぐらい過ごし水戸で三〇年ぐらい過ごしたわけです。東京は寄り集まりですから個性がなく多様ですが、山梨とか水戸に行くと「同じ日本人か？」というぐらい違うわけですね。いうまでもなくその違いは歴史的産物であって〝本質〟でないことは自明ですが、山梨県人が日本人か水戸人が日本人かではなくて、そもそも違うものを「日本人」とまとめるほうがある意味では間違っているというか、そういう日本人は信じないほうがいいんじゃないか。

もちろん、明治の場合は殖産興業と国家的独立のために日本を一つにするとか、それから高度成長でみんなが豊かになるために一つにするという、便宜としての日本人はすごく大事だったので、便宜として日本人は設定されるんだけれども、その便宜として設定された「日本」のために命をかけるとか、そういうことはやめたほうがいいのではないか、と思います。

より積極的には、前述の行きづまりやそれを生む型通りの思考の見直しであります〝一体としての日本人〟や、あとからのべる薩長史観とその裏返しの反薩長史観、それと関連するたとえばさまざまな被害者史観などから自由になるための具体的議論が地域から、地域の見方、地域の歴史から提起される必要があると思います。

1 日本の近世・近代・現代

システムの変化

ということで、最初に「日本の近世・近代・現代」というものを少し大まかにお話をしたい。第二番目は、「地域間の比較」をそのうえでやってみたい。最後に、地域の比較の歴史的意味と位置の問題とをお話ししたいと思います。

まず第一番目の「日本の近世・近代・現代」の問題、これは私のほうで差し上げております、この少し細かい表がございます。これは、最近『戦後の越え方』[*1]という本を出しまして、戦後の越え方が戊辰戦争後どうなったかとか、日露戦後はどうしたのか、第一次大戦後はどうなったか、第二次世界大戦後はどうなるかという問題をいま考えなければいけないということを、別にこれ宣伝しているわけじゃないですが、そこで書いてあるものを、ここに引用したものでありますす(第1章表1、八・九頁参照)。

これを、少しお話ししたいと思うのですが、一番上は「成立時期」です。それから「体制／サブシステム」というところがあります。この体制というのは「システム」と呼んでけっこうですが。システムというのは、さまざまな要素の相互関係を言います。だから国際、政治、経済、法、社会、地域などをサブシステムとします。そのサブシステムの、相互作用がシステムというふうに考えます。

私は専門が一九二〇年代以降ですから、その前のことはちょっとわからないのでうまく言えないんですが、ただ、だいたい明治維新を経て明治憲法ができたぐらいの時代から一応考えてみようということにしますと、国際システムは帝国主義と冊封体制の時代ですね。

政治のほうは藩閥勢力が政治権力を握っている。経済のほうは、国家主導の殖産興業。それから法は明治憲法。社会のほうは、まだ近代と前近代が混ざり合っている時代。かつ地域も、完全に中央集権化されなくて、かなり地方の自立性があるような時代。

それら全体がだいたい日清戦争の前ぐらいのときのあり方でした。それが日清・日露戦争ぐらいになってくると、だんだんに変わってくる。帝国主義に入れなかった日本が日英同盟というかたちで帝国主義の中に参入できたのは、だいたいこの日清戦争の前ぐらいです。

なぜ日英同盟ができたかというと、当時イギリスは植民地をたくさん持っていたわけですね、インドとか中国に。ところが、ロシアが帝国主義国としてどんどん大きくなってくると、ロシアが南下し始めるわけです。そうするとイギリスは、自分たちの権益を守るために、あちこちに自分たちの軍隊を持っていかなければならないけれども、とてもそのような力はない。

そうしたときに、全然見たこともないような小さい国の日本がどんどん軍拡をしている。この日本の軍備を使ってロシアを牽制するというのが日英同盟です。というわけで日本が帝国主義に参入する。そして冊封体制が終わる。さらにその当時、政党が政治過程に入ってきますし、こういう状況はしばらく続きます。

日露戦争が終わった後、第一次世界大戦前後の一九二〇年代、ヴェルサイユ―ワシントン体制をバックに、政治では政党政治、普通選挙。それから経済も、国家の主導から第一次世界大戦で民間が大儲けをして、一応国家が補助しなくてもよい体制になった。つまり全体として自由主義体制になりました。

一方では、大正デモクラシーのど真ん中で治安維持法がつくられるということになります。それまでは天皇のもとでの政治ということで、できるだけ格差を出さないようにしようという意向が強かったんですが、この自由主義経済になってくると格差は当然であるとなってくる。つまり自己責任、まさに自由主義ですね。そういう時代に入るわけです。

中央が弱まれば、地方分権的なものになるわけです。これを全部説明すると大変なんですが、この一九二〇年代の自由主義システムが激しく変わるのは、一九四〇年代の戦時体制であります。これはヴェルサイユ―ワシントン体制に真っ向から対立する勢力が、まさにいまの中国じゃないですが、新興勢力として、ソ連とかドイツとか、イタリアとか、それから戦勝国だったけど比較的イギリス、アメリカに圧倒されていた日本、そういった国々がヴェルサイユ体制に対して世界新秩序を主張してくる。それからアジアにおけるイギリスとアメリカを中心とするシステムであるワシントン体制に対して東亜新秩序という、新しいシステムをつくることに進んでいきます。[*2]

政治のほうは、政党政治から政治新体制へ。経済のほうも、自由主義ではなくて経済新体制へ、それから法律は国家総動員法、社会のほうは格差を当然とするのではなくて、日本中を均質化、平準化し、平等化するというかたちでの動きが出てくる。当然、それは中央集権的になります。

次にはそれを推進する主体ですが、四潮流として整理しました（表3を参照）。この過程で国家総動員体制を推進するのは、社会国民主義派と、それから国防国家派と言われるような革新官僚などと陸軍の統制派、それから昭和研究会など、近衛新体制の推進力のような部分で、それらがいわば総動員体制をつくり東条内閣をつくる。

それに対して既成勢力や既成政党がまさに自由主義派です。自由主義派は総動員体制に対して

表3　4つの政治潮流

政治潮流	政策	主な人物
国防国家派	上からの軍需工業化の強行 国民負担の平等化	東条英機，岸信介，賀屋興宣，和田博雄 など（陸軍統制派，革新官僚）
社会国民主義派	下からの社会の平等化，近代化，現代化 所有と経営の分離 労働条件の改善 国民生活水準の平等化 女性の社会的・政治的地位の向上 東亜協同体	風見章，麻生久，有馬頼寧，亀井貫一郎，千石興太郎，矢部貞治，蠟山政道 など（昭和研究会，近衛文麿周辺の人々）
自由主義派	徹底的な産業合理化 財政整理，軍縮 自由主義経済政策 親英米	田中義一，浜口雄幸，鳩山一郎，吉田茂，清沢洌 など（1920年代の政界財界主流から始まる）
反動派	明治時代の政治，経済，社会体制への復帰	真崎甚三郎，末次信正，三井甲之 など（観念右翼，地主，陸軍皇道派，海軍艦隊派）

出典：雨宮昭一『占領と改革』（岩波新書，2008年）.

反対するようになるのです。反動派というのも総動員体制の変革能力に対して非常に警戒をしていますので、自由主義派と反動派が一緒になって、反東条連合をつくって、戦争の真っ最中に東条内閣を倒したわけですね。

したがって、一方では国家総動員体制で社会の平準化・平等化が一緒に激しく進む。それから政治のほうでは、敗戦を準備する重臣や吉田茂等々を中心とした勢力が戦争を終わらせようとするわけですね。そしてそれが戦後体制を実際にはつくっていくことになります。そして一九五〇年代にできたのは戦後体制です。それは国際的にはポツダム体制とサンフランシスコ体制。ポツダム体制というのは戦勝国の体制ですね。戦勝国が分裂した国際システムが冷戦です。冷戦を受けた日米安保条約がサンフランシスコ体制ですね。こういう二つの、そういう国際システムです。

それから五五年体制というのは、安保条約賛成・憲法改正を主張する勢力と、安保に反対で護憲の勢力が二対一という割合をもつ護憲・安保体制ですね。

戦後は、一九五二年の四月二八日から始まると思います。つまり講和条約ですね。だから八月一五日というのは戦争の継続段階です。占領というのは戦争状態の継続ですから。不十分だけれども、講和ができて講和条約が発効するのは一九五二年の四月二八日で、そこから戦後民主主義も始まります。

この日本国憲法が守られるということで、現実の社会は軍需でなく民需中心の企業中心社会ということになります。当然それは中央集権的で高度成長が行われて、地域開発とか、地域にどんどん補助金を振りまいて、コンビナートをつくって、地域で金を回していく。それでこれら全体の相互関係を戦後システムと呼ぶわけです。

私たちがいまいるのはどこかというと、このシステムがガタガタになっているところですね。だから、そういう状態にあって、これからどうするかということについては、どんな国際システムがよいか、どんな政治システムがよいか、どんな地域システムがよいかということは、みんな自分で考えて、それをつくるしかないですね。

自治体や地域の問題からいったら、いつも地域は中央政府や軍部にいいようにやられて被害者だなどということはないわけです。自分たちの自治体が日露戦争と第二次大戦、高度成長のときにどうしたかという問題には、歴史上ではこうなったけれども、それとは違うかたちでどういうことが考えられるかということを、対比して考えてもらわないといけない。これは私のあらゆる講演・講義で必ず話すことにしています。これはもう年齢とか階級とかそういうことは無関係で、それぞれのところでやってもらうしかない。

これらの問題の考えるためにはもう少し大きい話があります。私たちには、歴史を見る見方が近代化路線というか、日本が近代になって近代化して、近代国家になって、現代化して、という前のめりの一直線の話しを当たり前のように思っているということがあると思います。

反薩長システムへの多様なあり方──戦前と戦後

その一つの典型が日本の薩長史観です。NHKのドラマのように、薩摩と長州が一生懸命頑張って、坂本龍馬が手伝って、そして立派な明治維新をやって、日本が立派な近代国家になったと、こういう物語であります。これも本当にそうなのかというふうに考えると、反薩長システムをつくる動きつまり薩長システムに反対する、反抗する、というふうな動きをとおしてつまり薩長がつくったシステムのめざす近代化への補完や反抗という形で近代天皇制が形成されたのです。

例えば一番わかりやすいのに啓蒙知識人たちがつくった「明六社」というものがあります。メンバーは福沢諭吉や西周などです。西周というのは津和野藩に関係していますね。津和野藩というのは、また実に複雑で、薩長政権の被害者と加害者の間をぐるぐる回っていたところがあります。西周は津和野、それから福沢というのは大分でしょうけれども、彼らのようにつまり薩長政権に対する、明治政府に対する批判とか反抗が、明六社的な啓蒙的・知的なかたちで行われる場合もあるし、「士族反乱」というかたちで行われることがありますね。

それから「民権運動」というのは、例えば福島県の河野広中も含めてですけれども、かなり「賊軍」(以下「」略)というか「官軍」でない側の運動群が動いています。だから、知識人の反抗や自由民権とか、そして士族反乱など、いろいろありますが、さらにこれは内田樹さんなども少し触れられている問題なんですが、青年将校たちの動きも含められます。戦前は薩摩の海軍、それから長州の陸軍というのは定番なわけです。彼らは文字どおり日本の軍隊システムをつくったわけですが、これに対して一九一〇年代、二〇年代ぐらいから内部で非常に激しい反対の動きがおきます。

例えばよく言われるのが東条英機のお父さん、東条英教がいますが、彼などは岩手県出身ですから薩長の、特に長の陸軍の首脳に対しては非常に激しい憎悪を持っていました。岩手は戊辰戦争の賊軍ですから。それから板垣征四郎という人、これも岩手出身で、彼のおじいさんが、戊辰戦争で負けて、それで板垣という名前に変えているような人です。

その他いろいろ、石原莞爾なども山形出身ですから、彼らは戊辰戦争のときのほとんど賊軍の出であります。彼らは、もちろん軍事専門家でありますが、単に長州と薩摩がつくったシステムを変えるということよりも、それを倒すためには、極端に言えば、日本など滅亡したってかまわないというわけですね。そういうすごい情熱というか、暗い情熱を持っているというふうにちょっと思うことがあります。

そんなことをしたらどう考えても、中国はもちろんイギリス・アメリカと、それからソ連とも戦争になるわけですが、そういうことはプロとしても予想できるわけですね。予想できるけれど、薩摩や長州がつくった明治のシステムが持続するぐらいだったら、日本がダメになって、それもダメになることもいいのだ、ということに近いような、暗い情熱を感じます。彼らが書いた本を読んでいると。それほど日本と明治のシステムが一体化していたのでしょうね。

つまりありていにいえば、薩長と反薩長、「官軍」と「賊軍」が一緒になって日本をだめにし、かつアジアに膨大な被害を与えたということです。だから薩長・反薩長史観から抜け出してものをみないとまた同じことをくり返すことになります。そうならないためにはそれとは異なる歴史と地域の見方、もっといえば見直しと発見が必要だと思います。

まず戊辰戦争前について言えば、「あり方とその後」という問題は、かなり日本近現代に関わっているんじゃないかと思います。そう考えると非常におもしろいのは、山梨などは、近世においては、幕府でなにか失敗をしでかした者が流されるとこでしたから、全然権力がないわけですね。そうすると、「賊軍か官軍か」みたいなことに関する感性はやっぱりないところです。ところが水戸などに行くと、党派で割れて殺し合っているわけです。そのことがさまざまなかたちでまだ残っていて、大義名分などを大事にしますから、山梨県人と茨城県人は気質が違うと私は確信してるわけです。

では、島根県はどうなるかという問題も是非、皆様のほうでやってほしい。津和野藩、浜田藩の話も、またその前に尼子が毛利に倒されて、毛利の後、また松平などが来て、官軍・賊軍問題でいうとずっと複雑であって、それは一体どういうことなのかということは、ちょっと皆さんのほうで調べていただくとおもしろいと思うんですが。

それから、いま言った青年将校たちの「暗い憎悪」のようなことについて言うと、いまの安倍内閣にも、ある意味で非常に共通性を感ずるわけであります。安倍晋太郎氏という彼のお父さんは戦後民主主義的な人間でありますが、おじいさんの岸信介氏は、ポツダム体制に対して異常なほどの憎悪を持っていたということは、彼の書いたものを含めて感じます。

そのポツダム体制というのは、要するに連合国によってつくられた戦後システムであり、そしてそれは長州・薩摩がつくったシステムを全部壊して、新しいシステムにしたということです。だから、岸信介氏は終戦のちょっと前に東条に反抗するわけですね。要するに、彼はやっぱり長州人として、日本の近代のシステムを守ろうとしたということです。

敗戦になって薩長のつくったシステムが全部、それ自体が壊されるということになってくると、極端に言うと、日本などなくなったって、この戦後のシステムを壊したほうがいいということになる、安倍晋三氏にはその向きがある。彼の仲間たちも、なにかそういうちょっと不気味な雰囲気があります。これは私の直感ですが。

何年か前でちょっと怖かったのは、尖閣問題等がありましたね。戦争などというのはだいたい大軍と大軍が「さあ、やりましょう」などといって始まる戦争はどこにもないわけです。必ず対立が潜在的にあるけれど、出先のほうでほとんどなんでもないような諍いがあって、それがそのまま進んで戦争になるわけです。

このところ言われているのは、日本の海上・航空自衛隊は、中国に勝てるという話がいっぱい出ているわけです。そうすると、小衝突が起きて、短期的には戦争が始まる。始まっても、そしていよいよとなったらアメリカは助けに来るだろうという話がいまはあるわけです。しかし、たぶんアメリカは来ないと思うんですね。

そうすると、アメリカも全然役に立たない。では、日本全部一丸となって中国と大戦争をやらなきゃという話で、それに対して反対を言うやつは非国民だという話になっていくわけですね。短期的には勝つかもしれないけれど、中長期ではボロボロに負けると。負けたって、戦後システムがあるよりはましだという。それ位、逆に戦後システムと日本が一体化しているのですね。

そういう暗い情熱だってありうる。つまり、それは本人たちが自覚していなくとも、そういうこともありえるということで、広い意味での大きな流れについては、薩長・反薩長史観の無自覚な継続を克服したほうがよいというふうに思うわけであります。

この点で言うと、石見出身の歴史家・服部之総のものを読みますと、非常に合理的ですね。だから私が言ったような非合理的なことに対しては彼は注目しないというか、無視するという側面があって、これまたおもしろい。たぶん石見の人たちは、憎悪を感ずる立ち位置になかったのかもしれません。

かつて、前田蓮山が原敬の伝記を書いたんですが、原敬と山県有朋との対立を考えたとき、原敬は東北の憎悪みたいなことを背負っていて、それをやっぱり表現していると前田はいうわけです。それに対して服部之総は、そんなことはないだろうとして、そのかわりにマルクス・エンゲルスの言うユンカー階級出身の使命感にあてはめて原敬の行動を説明するわけです。

私はあれはマルクスのモデルをつかって、わりあい合理的に説明していると思います。[*3] さらに長州閥の山県有朋につかえた森鷗外が遺言に、墓石には「石見の人森林太郎」とのみ書いてほしいといったというエピソードは、服部などの行動様式と共通の特徴があると思われます。そのクールで合理的な気質は貴重な資質に思われます。

2　地域間の比較──甲州・水戸・石見

明治政府の布達と各地域

そういうことを考えて、改めて地域の問題をもう一回考えてみようというのは、第二番目の問題であります。これについての論考としては私の「地域の歴史的意味と地域間比較」[*4]というものがあります。私は幸いなことに、出身地の山梨県史、それから働いていた地域としての茨城県の県史などを編集した専門委員として、ずっと近現代を調査してきました。

そうすると、それぞれの地域がどのように近代を迎えたか、ということが非常によく比較できました。具体的には、明治政府や県庁が明治の初期に次々に布達というものを出すのですが、そのときにどういうものに力を置くかというと、大まかに言うと、山梨県の場合ですと、ものすごく細かく対応しています。邪教は信じてはいけない、無尽みたいなことはやってはダメ、それから博打をやってはダメだとか。そういう非常に人間の生活の仕方、それから考え方、そういうことについてしつこいほどに何回も規制しています。

ところが水戸に行くと、博打などを禁止するようなことはほとんどしていない。それはなぜかというと、これはやはり近世の暮らし方の問題なんですけれども、山梨の場合ですと、藩がなく「近世がない」（中沢新一〈宗教人類学〉）とも言われます。つまり武田が敗れて、その後はたしかに天領みたいになっているわけですけれども、実際上、幕府はほとんどは何もやってないということになっていますから。したがって、わが山梨県人は実に自由な生活や生産や遊びをしていたというべきだと思いますね。

ところが水戸藩は、武士がすぐ身の回りに、民衆のそばにいますから、自由がないわけですね。それから、いろいろな民間信仰のようなものを、幕藩体制でかなりコントロールしてしまっているということがあって、その違いがここに出てくるというように思います。

その点では、例えば山梨県の場合ですと、ヤクザが活躍します。だいたいヤクザというのは、天領のような権力が弱いところに出現します。やはり、権力によってコントロールされてない地域なので、暴力装置自体も民間の暴力で、それに権力が依存しているというような問題を含めて、ある意味での民衆の自由度が高い地域であります。したがって、博打などもやり放題ということになるわけです。

さらに商品経済が近世になると、山梨でも発達しますね。これは明治維新の少し後のことですが、山梨県に勝沼というブドウとワインで有名なところがありますね。そこで生産者たちがお金を出し合って、二人の若者をパリに留学させます。そして、彼らはいわば最新の栽培技術とワインの技術を持って帰ってきて、そして勝沼で栽培をやり、バージョンアップしていまのワインとブドウができているわけです。私は、〝カッコいい〟と思うんですね。

薩摩や長州に行くと、あの立派なひげをたくわえた若い人たちが、藩費で留学生だということで銅像になっています。藩費で留学するのと、民間人が金を出して送るというのはどちらが

〝カッコいい〟かといったら、私は絶対山梨のほうがカッコいいというふうに思うのです。まあ、カッコいいかどうかはともかく、つまり近世・近代初めにおいて自前で問題を始末できるし、するという、そういうことが当たり前の気風があったわけです。

もう一つ、おもしろいのは、一九二〇年代、三〇年代に『改造』とか『中央公論』とか総合雑誌というのが流行しました。そこで、山梨県一県の総合雑誌の購読者数と、長野県一村の購買数が同じだというわけで、非常に対比されるわけですね。山梨は文化度が低いと。でも、山梨県人は総合雑誌なんて役に立たないものを読むことが〝アホ〟じゃないかという、そういう感性を持っているわけです。この問題は非常に難しくて、水戸では私が前にヒアリングをした社会党の代議士も自民党の代議士も、実にウェットで大義名分やイデオロギーでものを考えますね。

山梨県の同じ人間たちは、もっとドライで、イデオロギーでものを考えない。大義名分はほとんど信用しない。考えてみると、あの大義名分というのは、これは政治思想史の飯田泰三さんに聞けばすむことかもしれませんが、一面ではつまり労働しない、不労階級が自分の存在を正当化するための話しなわけです。しかし、山梨にはそんな不労階級はほとんどいないわけだから、したがって上から下まで、その大義名分などをを信用しないということは当たり前なんですね。

ところが一番印象的だったのは、武士でも特権階級でもない人間まで、大義名分を言いたてる天狗党のような人たちが水戸にはいましたね。だから、明治政府への立ち位置も各地の近世と住民の過ごし方の問題がそこに表れるといえるのではないでしょうか。

石見の場合だとどうなのでしょう。そういう点でいうと、佐々田懋の明治政府に対する態度というのはおもしろいです。彼は政治家になった初期議会で、民党ではなくて大成会という、まあ与党的なところで政界に入っていきます。しかし、黒田清隆が、「薩長藩閥などと言うけれど、藩閥が担ったからこそ、この日本に明治政府ができたんだ」と言ったことに対して民党が文句を言ったときに、彼も一緒になって文句を言ったという中間的な行動様式というのは、たぶんこの近世の過ごし方と関係があるのではないかと、僕は思うわけです。[*5]

地域の自然条件

それから第二点は、地域の問題を考えるときに、自然条件というのがある意味では重要な意味を持っています。山梨県の場合ですと「河川と山」というのが決定的に生活においても、政治においても、重要な意味を持っています。だから河川や山の問題は、基地問題とか観光とか、道路建設とか皇室財産とか、それから入会権とかいうような問題と非常に関係していて、山梨県の場合は非常に入会権が多いんですね。これはある意味では近世における自治度が高かったからだといえるわけです。そして基地反対闘争が入会権闘争になる。つまり第二次大戦後になってからもそれが持続します。

茨城県の場合は、非常に平地林が多いということが特徴的ですね。あそこは平坦で山がほとんどない。しかし戦前の場合だと薪が必要ですから、必ず平地林も必要だったのですね。それは膨大に存在していて、そのことが地主・小作関係とか、あるいは農民の運動に非常に関係しています。

名望家、実業家のあり方

もう一つは名望家とか実業家のあり方の問題です。この名望家とか実業家というのは、山梨の場合、「甲州財閥」というふうに言われますね。若尾逸平、根津嘉一郎、それから小林一三など。佐々田と非常に似ているのは、小林一三ですね。彼は実業家であり政治家でもあったということは共通しているわけです。

おもしろいのは、甲州出身の人間はほとんど東武鉄道の根津とか、東京電燈の神戸挙一、小林一三とか、京浜急行をつくった神戸とか、それから小林一三は阪急をつくって宝塚を開発する等々、都市のインフラストラクチャーのソフト・ハード面に山梨の実業家たちはかかわっていくことです。[*6]

ここにはいろいろなことがありますけれども、例えば小林一三というのは政友会の代議士田邊七六の異母弟ですね。田邊七六も含めた、甲州市の上於曽という一つの集落に、その人たちが集まっています。そこから代議士とか実業家が出るわけですが、小林一三もその流れです。

彼らの祖先たちが一体何であるかと言うと、中世には金山衆——金属を掘る衆——だったと言われます。つまり彼らは中世の職人集団で武田に従属したわけではなくて、契約関係でそれを請け負うというふうなことをやっていたわけです。これが、武田が滅亡した後、自由に富を生産して、近世では市場に展開していって、それが近代になって、さまざまな政治経済、実業に展開するということになります。小林以外もいずれも町方や農業出身です。

これもやはり、近世の権力が少ないことと関係あるのだろうと思います。たぶん水戸出身の実業家には、都市のインフラストラクチャーを自由につくるという、そういう発想はあまりないと思います。水戸出身の実業家を私は何人か知ってますけれど、彼らの出身は新郷士です。新郷士とは何かというと、郷士というのは普通、新しく来た大名の前の大名の残された家臣がだいたいなりますね。だから、坂本龍馬などは長宗我部の遺臣だと言われます。

ところが茨城県の場合ですと、もちろんそういうものもいないわけじゃないけれども、非常に有名なのは幕末の新郷士、献金郷士です。つまり藩の財政が厳しくなってくると、お金を渡すと郷士号を与えるということで。この新郷士になった人間たちがその後、いろいろなかたちで活躍します。

ただ、諸生党は守旧派で、天狗党が改革派というふうに言われますが、この新郷士たちが、天狗党のいわば社会的基盤、経済的基盤となって、藩主の徳川斉昭はこれらをもとにして水戸藩の改革をするということになる。ただ、前にも少しお話ししましたように、ここでは両方が内部でものすごい殺し合いをします。そのことによって、維新後には中央政府を構成するような人材も残らないぐらいな状態になってしまうのです。

では、石見ではどうか。佐々田氏はもともとは中世の名門で、それが帰農して実業家になる。伝記を読ませてもらいましたが、藩の学校を出ているので、そのあり方は山梨や水戸とは違うだろうというふうに思われます。その伝記によりますと佐々田の父が〝よく積みよく散ずる〟という言葉をのこし、それを佐々田も実践したそうですが、それは石見の実業家の気質を表現していると思います。

戦後の知事選挙と社会党

それから、いまのところとも関係しますけれども、特に非常におもしろいのは、戦後史の問題です。戦後知事選挙でも茨城県と山梨県ではものすごく違います。私は両方で近現代史の県史編さんをやりましたからよくわかるわけですが、山梨県の場合には全部保革連合です。はじめから保革連合で、要するに社会党と自民党、あるいは保守党と社会党がいつも組んで保革連合をやる。現実にはどういうことかというと、社会党が保守のA派とB派間を分断して、A派が強い場合にはB派と結びついて、A派を打倒して連合政権をつくる。

ところが自民党が主流ですから、だんだんに社会党を排撃する。すると今度は前のA派と結びついて、B派をつぶすというふうなことをずっとやります。山梨の社会党の幹部のヒアリングをしましたが、彼らは非常にドライです。しかしそのことを通して、山梨は一時期、すみよい県日本一になります。

つまりは、社会党の福祉政策をそのようなかたちで実現することによって、その基礎をつくるわけですね。これはだから非常にドライに、福祉政策を実現するところです。ただ茨城の場合はずっと保守が続きまして、一回だけ農協と社会党が結びついて岩上県政というのをつくりましたけれども、それ以外は全部保守です。

山梨と同じように、同じ社会党で、同じ労働組合の幹部の人をヒアリングしたら、彼らは「保守が多い、強い」ということを不動の前提にしたうえで自分たちは少数派で、大義名分とイデオロギーで反対をきちんとするということが大事だということを一貫して言うわけですね。量からみたら、社会党の代議士も三分の一ぐらい議会に出ているわけだから、山梨と大して変わらないわけです。山梨の場合は、保守を分断して連合を組んで政策を実現するわけですが、茨城の場合にはさっき言ったような状態であると。これはずいぶん違うなと思いますね。この違いは一体どこから来るかという問題であります。

農民運動と旧中間層

これは、近世の過ごし方の問題にもたぶん関係しますけれども、もう一つ、戦前の農民運動の違いです。農民運動の刻印は意外に大きい。私は山梨県の農民運動をずっと調べたわけですが、ここでは自立して農民運動が行われてあるときには小作組合が民政党系勢力と組んで村を管理するというような、そういう力を持っています。力を持ってるというのは地域を地主や在村耕作地主のイニシアティブにさせないという力です。このことが戦後の、さっき言ったような社会党や農民組合・労働組合が保守を自覚的に分断して、自分たちのことを実現させ得るというようなこと深い関係があると思います。
それに対して茨城の場合は、これは『総力戦体制と地域自治』でも書いたわけですが、非常に在村耕作地主が力を持っている。これは一九一〇年代・二〇年代に、在地の名望家の二代目・三代目が集団をつくって、そしてその集団に自作農や自小作層や小作層まで入れて運動を起こします。そのことによって在村耕作地主、要するに旧中間層上層を中心としたかたちで地域が改善すべき問題がとりあげられ、「解決」される。だからこの旧中間層がイニシアティブを握っているということです。茨城の場合ですと、その旧中間層の上層が中心となった動きが戦後も持続します。一九二〇年代から小作問題を解決するなどということを、在村耕作地主の彼らが言っているわけですから戦後にも対応できます。そしてその部分が、すなわち旧中間層を中心とした部分が、戦後も保守そのものとして存在するということになります。

このように、山梨・茨城の地域の問題の解決の仕方という点で非常に違うのは、戦後の旧中間層の位置の問題なのですが、茨城という所は、外から来た地縁も血縁もない人間にとっては非常にある意味では過ごしにくいところです。しかし、そうでない人間にとっては実に過ごしやすい。地縁も血縁もあって、それを旧中間層は更新しながらそれをきちんと循環させています。それはさきほど言ったように、旧中間層中心の生活の仕方がシステムとして存在するからです。しかもその旧中間層システムのキャパシティーの限界はまだ確定されない。筆者のヒアリングで三・一一の時、外来の新中間層もそのシステムで自然や歴史の深い蓄積にもとづく生活のアイテムを提供されて生きのびた例がたくさん存在しました。それは三・一一以前からの釣りや薪ストーブなど、新旧中間層の趣味のコミュニティーがあった場合です。

一方、山梨では旧中間層システムは弱いわけです。農民運動などがそれを破壊したところがあったわけですね。そうすると、結局は福祉の問題についても、旧中間層を中心の地縁・血縁でないかたちで福祉の問題も対処しなければならないということで、それが逆に「福祉日本一」みたいなかたちになってくる。とにかく一九二〇年代・三〇年代の農民運動のあり方のようなものが、戦後の生活の仕方のあり方にも、質的な相違を与えるという問題になる。

ところがこの問題は難しくて、政治学者の丸山眞男さんや、それから松下圭一さんたちは、「旧中間層はファシズムの手先だからつぶさなきゃならない」と言うわけですが、私から言わせると、そうではなくて旧中間層も新中間層も含めたかたちでの共同のあり方はどう可能かという問題を議論しないと、まったく地域の自治などできないと思います。特にポスト戦後体制の地域で、さらに低成長の中で超高齢化社会に対応する時には。山梨型でも茨城型でも不十分でその両者の統一、連帯が要請されるでしょうね。ドライな山梨、ウェットな茨城、そして、クールで合理的で〝財を散ず〟の如き利他的な特徴をもつ石見型のそれぞれの関係も同様でしょう。

むすびにかえて

以上のようなことで、ここでもう一度、地域の歴史的意味と位置と地域間比較という問題をもう少し考えてみたい。ここでは、大まかな話ですが、地域間の比較の仕方、基準がおもしろいですね。つまり、いままでは、「中央」や東京など大都市を基準にしていつも地域のことは比較されたわけですね。

ところが、いまはいきなりダイレクトに比較し合うことによっておもしろい、いろいろな生き方の内容が見えてくる。

なぜこれまでは中央・地方関係の中で比較が行われてきたかというと、例えば明治の場合だと「国家的独立と殖産興業」という課題を一応設定して、そしてそのためには日本全国を同質化する。殖産興業をするときに、方言で何言っているのかわからない、というのはダメなわけですし、商品も売れないわけですね。一つのことを一つのシンボルや記号で日本中の人間が全部同じ反応をするということを、いわば差異をすりつぶしてつくることを、明治維新政権はやったわけです。それに殖産興業、近代化の一定の成功があったわけです。だからそのことによって、例えば日露戦争で初めて日本は独立したわけです。なお、一部の不平等条約の存在というのは独立ではないですから。関税自主権と裁判権の一部がないという状態から全部を獲得できるようになったのは、日露戦争に勝ってからですね。

だから、独立は課題であったわけです。それからもう一つは、第一次世界大戦、産業革命がありますね。これは戦争で大儲けをして、やっと国家がコントロールしなくても、民間企業が生産ができるという時代に入るということで、それが藩閥でなくて政党政治というかたちのシステムをつくったわけであります。だから比較的、地方分権的な社会がちょうど政党政治の時代にはあったわけです。しかし、やがて列強との対抗ということと、それから重化学工業化を課題とする戦時体制ができることによって、また、地方のいろいろな差異をつぶすということをもっと激しく行う。これが難しいのは、多様化というのは「贅沢」ですから、均質化するということは、ある意味では平等化でもあるという側面があって、一方で格差をつけられている人々がそういう社会の格差とか差別の克服のために戦時体制下の政策をサポートするというようなことがあるわけですね。

戦後も高度成長というのはまさにそういう経済の高度成長のために、日本中全部、同じ記号で動くということをやったわけであります。だからこれが公共事業とか補助金を中心として、中央・地方関係が組まれて、その意味では地域間の競争とか関係も、全部中央が入っていろいろ議論された。当時の政治学というのはみんな補助金の話ばっかりしていてつまらないわけですね。補助金がどう決まるか決まらないかとか、そんな話ばっかりしているわけです。考えてみれば、いま問題なのは、低成長でその配るものがなくなってしまったということですね。

さっきも言ったように、もう冷戦が終わると、膨大な労働力と資源が国際市場に流されてますから、別に島根や山梨を再開発する必要はないということで、無意味な補助金とか交付金はできるだけ出さないと。自分のところでやれ、という話になるわけです。そうすると、そう言われたほうはどうするか、もっと金を寄こせと言っても無理だと思うんですね。では、どうするかといったら、地域の中で自分たちで生きていくしかないわけです。その生きるシステムをどうつくるかということを、みんなで考えるしかない。それは一元化と平等化、多元化と格差としてあった今までとは異なる平等化と多元化のゆたかな統一ですね。そのゆたかさは地域の歴史の中にあります。さらにそれは予想される財政破綻への地域や〝職域〟での対応において協同組合、自主管理もふくむ協同主義の形が不可欠であることとも関連します。

現在はそろそろそういう段階に来ている。ただ、そのときには、中央を介したキャッチボールの関係という比較じゃなくて、政府とか大都市を介しないかたちでの地域間の関係とか連帯とか、比較をすることによって、そのような地域をどう持続させるかということの生活の仕方や文化的な要素を含めてつくり合い、次の次元にもっていくしかないのではないかということになるでしょう。

ここでは、そのために、「中央」を介してつくられてきた一体としての日本人、薩長史観と反薩長史観、官軍史観と賊軍史観、多くの歴史的被害者史観の呪縛から自由になり、その中で、それらの見方ではみえなかった地域の見方、あり方、主体や地域間の連帯のあり方を発見し発明しようとする試みを行いました。

（付記）本稿は、佐々田すすむ顕彰会・服部之総顕彰会特別講演会における講演（二〇一五年六月一三日）と獨協大学地域総合研究所第四回研究例会（二〇一六年一月二七日）における報告をもとに作成されたものである。

注

＊1　雨宮昭一『戦後の越え方――歴史・地域・政治・思考』日本経済評論社、二〇一三年。

＊2　ここで現在における新興国とのつきあい方について述べておこう。
新興国を押さえつけたりつぶそうとするのではなく、既成の秩序にいる側が新興国の力を対立や戦争にならないような次のシステムを既成の勢力側が考え、その構想に即して新興国にゆずり、時には〝従属〟するような〝善導〟の必要もあろう。その意味でその構想力や外交力が問われているといってよい。そして筆者はその基礎は、戦争を不法とする国際的な不戦条約を継承する憲法第九条と激しい対立を生む新自由主義を相対化する内外の協同主義であろうといまのところ考えている。

＊3　服部之総『明治の政治家たち』岩波書店、一九五〇年。

＊4　雨宮昭一『総力戦体制と地域自治』青木書店、一九九九年。なお筆者が執筆している山梨県史、茨城県史、農民運動については『塩山市史』参照。

＊5　服部之総『佐々田すすむ翁伝』亀堂会、一九四二年。

＊6　小林一三については『小林一三全集』一～七巻、一九六二～六三年、ダイヤモンド社、参照。

第3章

郊外都市の新たな挑戦
――ポスト・ベッドタウンへ

はじめに

いうまでもなく、自らが生活している場が世界に一番近い場所、あるいは世界そのものです。ポスト・ベッドタウンシステム[*1]を考えたのも私が働いている地域の課題を統合したものでした。埼玉県東南部は、六〇~七〇年代の時代の激しい人の移動の受け皿として急速にベッドタウンを形成しました。

そして、今そのシステムが激しくゆらいでいます。このシステムは、国際、政治、経済、地域諸システムの全体的なゆらぎの一環を形成しています。

1　基本的背景と対応

この問題を考えるときに私の安倍政権論[*2]が参考になるかと思います。安倍政権というのは戦後体制の転換にかなり体系的に対応しようとしている政権であると思います。

だから反対するなり、それに対して違うことを言いたい側は、きちんとシステマチックに対応しないと、とても対応しきれないのではないかということを、そこに書いたのです。

そこでは、安倍政権を考えるときにどうしても考えなければならない大事な問題が三つあると提起しました。これとベッドタウンを考える場合とは重要な関連があると思うのでここでふれましょう。

第一点は、現在のさまざまな諸問題を、これまでの経済成長以外のどんな方法によって克服するのか。少子高齢化、格差とか福祉の問題とか、さまざまな問題があります。それをこれまでのような経済成長だけに頼らないで、どう打開するかを考えることが非常に重要です。

だから、たとえば福祉の問題についても、おおよそ福祉に無限に金など出せるわけはないわけだから、金を出さないで福祉の問題をどうリアライズさせるかということを、地域でどう考えるかということも含めた案が必要です。安倍さんはもう、非常にすっきりしていて、こんなにどんどん社会保障費が拡大すると、もう経済成長するしかないだろう。それ以外については、何の説得力もないというように言っているわけです。

だから、そこの問題を、これまでのような成長に頼らないで、それを相対化してかつ、現在直面している問題をどう解くかについて、深く考えなければ説得力がないということが第一点ですね。

第二点は、外交問題です。いままでのように、アメリカに頼って、アジアのことは考えないですんでいたものが戦後体制です。そうすると、アメリカに頼らないで、かつ非軍事的な方法で、たとえば最近の中国のような力づくでの方法への対処も含めてアジアでの現実的共生をどうつくっていくかという問題を具体的に考えることです。

そのことを、安倍政権は、かなり軍事的にやろうとしています。それでもいいのか、悪いのか。では、そうでない方法は何かということを具体的に考えなければいけない。新興国がでてきた時大事なことは既得権益をもった部分がそれをシェアすることですが、それがこれまでの失敗の歴史的経験による知見の一つと考えたいのです。

第三点は、これまでのような経済成長もないし、人口も増えない中で、地域の持続をいかに成し遂げていくかという問題です。戦後のシステムの中では、冷戦のおかげもあって、非常に高度成長もして、中央政府は潤沢な資金を持っていたわけです。したがって、補助金を出して、政府も含めて社会開発をやっていけば、それで地域が成り立っていたわけです。ところが成長もないし、人口も増えないということになったら、そんな金はないわけです。もちろん、消費税と累進税で支えることは自明の上でです。

さきほど、福井県庁の方に聞いたら、交付金で保障される県債という形で結構お金はあるという話です。本来出てこないのに出てくるということのほうが、もっと危機だと思うのですが。いずれにしても考えなければならないことは、経済成長もないし、人口も増えない中で、しかし、地域は持続されなきゃならないということです。

これは、横浜だって小金井だって、どこでも同じだと思うのです。以前、私の職場にある獨協大学地域総合研究所で埼玉県の市部を調査しました。そうすると、明らかに介護のハードとソフトが非常に遅れているというか、需要と合っていないことが分かりました。しかも、その需要はどんどん増えるばかりなのに、それをフォローするお金とソフト・ハードがあまりないのです。[*3]

そういう中でどうするかという問題が、地域の持続の問題でもあるわけです。この問題を、みんなで考えなければならない。

他方では、元岩手県知事の増田寛也さんたちは、どんどん自治体が消滅するぞ、大変だぞと言っていて、みんなが非常に浮き足立ってるわけですね。そういうところで、みんなが現在のままを持続して成長したり、開発をしたり、それからそれを前向きに、前のめりで解決するということに一生懸命になるわけであります。本当にそうなのかということを、少し考えておく必要があるのではないかと思うわけです。

でも結局は、自治体が消滅しても、人々や住民が元気で生活できればいいわけですね。国家がなくなったって、そこに住んでいる住民や人々が元気で生活できればいいのだし、帝国がなくなったって、元気に生きていけばいいわけです。例としておもしろいのは、スペインに侵略される前のインカ帝国です。ここにはものすごく立派な城壁がある人間の生活する場があったのですが、スペインが来る前から、どんどんなくなっているわけです。なぜなくなっているかというと、そういうシステムでは、もう多数の人間を養えなかったわけですね。

インカ帝国の専門家に、ではどうしたんだと訊いたら、三々五々、みな森に帰ったというわけです。私はこれはありうべきことだと思うんですね。三々五々、森に帰っても、それは後退ということではなくて、要するに少人数だったら森で生きられるということなわけです。つまり、数万人とか、数十万人の人間を帝国システムでは生かせないということだったら、森に行って生活すればいいのだということですね。

そういうことも含めて、物事を考えるときに、潰れたら大変だというよりも、そこで具体的に生きてる人間たちが、どのように生きられるかという問題を、きちんと考えたほうがいいだろうというふうに思うのです。自治体などなくなったって、べつにそこの住民が死ぬわけでもないわけだから、そこは一回引き離した方がいい。たとえばずい分前から限界集落といわれた所で親類、友人、企業、NPOなど自治体の線引きをこえた多様なコミュニケーションで個々の住民が生活していることは周知のことです。つまり自治体の線引きと異なるコミュニケーションとコミュニティとしての生活圏があるのです。

そういう点でいうと、私は最近ずっと前から興味を持っているのは、古代・中世や近世などの時代、それから細胞とか昆虫などです。そこでは少ない人数と資源で、みんながちゃんと生きていくような生き方をつくってるわけです。だから縄文時代なども、すごくおもしろい。一応、稲作とか畑作をやってみたけれども、途中でやめて森に帰った、そういう縄文人もいるわけです。元に戻ればいいっていうことではなくて。耕す人が少なくなったら、焼き畑農業に戻ればいいわけです。つまり、とにかくいまの人口を必ず保持したり、いま以上にしなければならないなどということは、歴史的にあり得ないわけですから。あり得ないというか、それはもうナンセンスな話です。もう、高度成長が終わったあとは、物質的には〝ショボく〟生きればいいわけですよ。〝ショボク〟生きるけれども、しかし非常に気持ちよく生きるということが文化の問題なのです。その過程を経て次の段階、あるいは新しい次元のまだみえない〝成長〟が螺旋的にあらわれるということについては第1章でのべたとおりです。

だから、結果を知っていてたとえば縄文時代の中にも、弥生時代や古代の萌芽があったなんていう研究は、あまりおもしろくない。そういう話ではなくて、そんなことを考えなくてもやれるような長い間持続したシステムがどうあったかということを再現してくれると、私たちはそこから学ぶことができるわけですね。

それから、この前読んだ経済学の話ですごくおもしろかったのは、必要と欲望とは違うということでした。必要というのはneeds、自尊心の保持と友人と交際できるということで、もうそれを保証する生産力が十分あるということ。[*4]

欲望というのは、つまりwantで、それは他人よりも目立ちたいとか、他人より優越しているかどうかということで、無限に出てくる望みや欲望のことで、その欲望につき合っていたらもうダメなのだということ。だから、低成長の時代には、必要なところできちんと押さえられるようなステムをどうつくるかということなんだという話でした。たぶん、地域などのことを考える場合も、そういうことを本当は考えなければいけないのではないかというように思っているわけです。その条件は、社会的にはワークシェアと公的にはセーフティネットを保障するシステムをつくること、そのためのアーキテクチュアはＩＴでできること。さらに国際的にも地域的にもＩＴは、同質のハイクオリティ化と、他方で無数のコミュニティをつくる手段を提供していることなどから、上記のための条件になると思います。

関連して自治体の自治基本条例の位置と意味です。基本条例の審議会に関係していて、多くの人が考えているのは、だいたい情報共有と参加と協働なのです。

これはある市の例なのですが、そこは埼玉県のベッドタウンでして、一九六〇年代から七〇年代に、どっと日本中から人が移ってきて、どっと東京に仕事に通って、どっと地方税を払ってということで地域財政が回ってきたわけですね。

ところがいま、高齢化して、どっと福祉の対象になっているという話なのです。実際にベッドタウンでは税金を払う人が少ないのです。そうすると、どういうことになるかというと、基本条例の持つ意味に関わりますが、もういままでのような資金がなくなってくる。しかし、さっき言ったように福祉の需要などはあるわけです。

そうすると、一般の住民も含めて、協働して情報共有して地域に参画するいうことは不可避なんですね。そこの住民もある意味では互助、互酬、贈与として、この福祉の問題に参画する以外にないわけですね。これは予想される全面的な財政破綻時での地域における自主管理、協同性の準備にも連なります。

そうすると、基本条例というのはそういう恐ろしい事態と仕組みを早く予見していたというように私は読んでしまうのです。だから、基本条例はけしからんなどという人に対しては、では、いま私が言ったようなことをどうするのかということを言わないといけないのではないか。そういうことを非常に感じました。

だから中央政府によるナショナルミニマムの保障は前提として、小学校区などもっと小さい区あたりに権限と人員・予算も下ろして、現実に福祉をそこで担うということを考えなければならない。しかし、それも限界があるわけだから、東京のベッドタウンになるだけではすまなくて、やはり地域に産業もつくらなければならない。住と職をつくってそれらが回るようなシステムをつくらないといけない。これが「ポスト・ベッドタウンシステム」ではないかと、私は思うわけです。

こういう形で直接人々が自分たちのことをやらざるを得ないというのは、私の調査[*5]と経験でいうと、昔の農村はみなそうだったのですね。昔の農村というのは、県からも国からも、そんなに金がこないのです。もちろん、地域に産業があり職と住が離れていないことは前提として、そうすると小学校の教育、子どもの保護、それから介護とか、そういう問題は青年団とか消防団とか、色々な人たちが集まって、金がない人は労力を出してやるしかないんですね。

ヨーロッパの場合も似たようなことをやっているわけです。それは教会区です。教会の教区みたいなところで私がさっき言ったようなこともやっている。だから、基本条例の問題も含めて、あるいは安倍内閣の評価とか対応も含めて、そういう議論を一方でみんなしておかないといけないのではないかというように思っているわけです。

そういう点でいえば、地域創生などというのは、もう二〇年、三〇年前からいろいろ考えてやられているわけだから、べつに安倍政権のお手柄でも何でもないというように私は思っています。いま言ったような問題を現実的に解決しないで、国や県は借金を重ねてどんどん金をばら撒いたりするというのはもうメチャクチャです。

つまり日本の戦後体制を越えるというのは、外部、つまり子孫とか他地域に問題を垂れ流さないでどうするかという問題として迫られているのです。

2　ポスト・ベッドタウンの位置

今度は、「ポスト・ベッドタウンシステム」の話をいたします。これは、二〇〇七年に獨協大学地域総合研究所が設立されて所長として基調講演をして、提起したものです。[*6] ベッドタウンというのは、非常に特殊な時代の産物です。つまり、日本が高度成長をするという段階で、どっと農村地帯から大都市に人口が移動したわけですが、かといって全員が大都市に住む条件は当時はないわけですから、その周りにベッドタウンをつくります。そうすると、職と住は分離されるわけです。職と住は分離されて、長大な通勤時間があって、ということになる。

それから、昔のシステムでは、介護というのはその地域でやっていたわけですが、それもいわば分離されるという形で、住に特化された社会、住に特化されたシステムになるわけです。

しかしながら、こうした職と住の分離システムが、高齢化とか成熟化によって難しくなってくる。つまり、どっと集まってきて、どっと東京に行って、どっとベッドタウンに帰って来て、どっと税金を払ってという、そういうことの自明性が失われます。経済の低成長と少子化と高齢化によってそれが起きているのが現状です。

これらが地域の財政とか、経済とか、雇用とか、福祉とか、税収に非常に大きな影響を与えるということになります。そうすると、非常にこの偏った世界を、つまり住に特化された社会をどうするかということに関連してきます。女性＝専業主婦と男性＝企業戦士という形での分離が、六〇％から七〇％になって一般化していたのが、六〇年代・七〇年代で、これはごく新しい時代の現象なのです。この時代に、女の人の多くは専業主婦になって、一人で子どもを育てるというようなそれまでの歴史ではあまりない現象が出現したわけです。

だから、そういうことも含めてもう一度、「ポスト・ベッドタウン」という職と住と育と遊、あるいは介護を再結合する、新しく再結合させるようなあり方を考えざるを得ないだろうというふうに思われます。

そういう話を私はしてきたわけですが、近年、新潟や長野の中山間地域に行くと、そこでは、そういう住と職と育と遊、そして介護みたいなことを、いわば結合させて非常にうまくやっているところがいっぱいあるわけです。

そうすると、逆に非ベッドタウン地域が非常にクリエイティブに見えてくる、というか、実際にクリエイティブなんですよ。それが客観的に見えるわけですね。そういう価値転換も含めてこのモデルはおもしろいと思います。さらに農村地帯とか非都市地域がどう都市地域を救うかという議論をしてほしいわけです。そういう連帯が必要です。

それから、「ポスト・ベッドタウンシステム」の歴史的な位置の問題ということになりますが、これは第1章の表1（八・九頁）を見てください。[*7] この表を簡単に説明させていただきます。システムというのは、いろんな要素の相互作用をシステムといいます。その要素の一個一個をサブシステムといいますね。

そうすると、たとえば世の中は、国際システム、政治システム、経済システム、法システム、社会システム、地域システムとして、実際にはもっとたくさんありますが、存在していて、それらの相互関係がシステムだと一応考えます。そう考えてですね、本当は私の得意な一九二〇年代から四〇年代というところを延々と話したいのですが、今回は五〇年代だけをお話しします。

まず、戦後体制というのは、だいたい五〇年代の真ん中あたりに成立します。それはどういうものかというと、国際システムはポツダム体制です。ポツダム体制というのは、戦勝国体制です。だいたい、近代の国際システムというのは、戦争が終わったあとの戦勝国のシステムが、そのあとの国際システムです。だいたい、敗者と勝者で講和条約を結んだ地域の名がついた条約のシステムが、その戦勝国のシステムです。それからサンフランシスコ体制というのは何かというと、これは日米安保条約体制でもありますが、背景には冷戦で戦勝国であった連合国が分裂して、その片側のみでできあがった体制ですね。だから、そういう戦勝国体制と冷戦体制で戦後の日本の国際システムができたという話です。それから、政治と経済のシステムは何かというと、民需中心の日本的経営です。民需中心というのは何かというと、アメリカやフランスなど連合国は戦争中のままになります。つまり、軍需産業中心で国民経済を再建するわけですね。ドイツやイタリアは敗戦国なのですが、彼らは憲法を占領期にはつくっていなくて、占領が終わったあとにつくりました。そこでは〝普通〟の国家だから、日本国憲法の第九条みたいなものはないのです。日本だけが憲法第九条があって、一九五五年以降も護憲が可能なように、ずっと国民が護憲勢力に国会での三分の一強の議席を与えたから、変わらなかったわけです。

ところで、軍需産業というのは資本主義的な産業ではないのです。税金でやるしかない産業なわけです。だから、憲法第九条があると、税金から軍需産業をサポートできないわけです。したがって日本だけが民需中心の国民経済だったのです。かつ、日本は戦争に負けて植民地・勢力圏が全部なくなった。したがって、外に資本を出したり、外から労働力を得ることは不可能なわけです。したがって日本的経営をとったわけですね。

日本的経営とは何かというと、新卒の日本人を囲い込んで、しっかり訓練して終身雇用・年功序列でずっと雇い、協調的な労働組合をつくって、みんなで一緒にやっていきましょうというものです。日本国憲法によって軍需産業が大きくならなかった。つまり軍事的な利害関係者が増加せず少ないことと、日本的経営は関連があると思います。それから、社会のほうは、この福祉も含めて企業中心でずっとやってきたわけです。それから、地域のことについて言うと、外に労働力や投資先を見つけるわけにいかないわけだから、再開発をやったり補助金を出したりして、日本の中で、日本の地域に金を回してやっていくしかないという形で中央集権システムになった。

ご存知のとおり、この諸システムの相互関係が戦後体制です。いま私たちがいるところは、この戦後体制が終わる時期です。どう終わるかという問題です。完全に終わったわけではないのですが、どう終わるかというと、一つは冷戦が一九八九年に終わりますね。冷戦が終わるということは、この日米安保条約が冷戦との対応でできていましたからその意義が失われるわけです。そのかわり、非常に印象的だったのは、私はちょうど、一九九四年から九五年に研究員としてそのときハーバード大学にいて参加していたフォーラムでハーバード大学教授でジョセフ・ナイという国防次官補が、日米安保は明らかに再定義しなければならないと。もうソ連が問題ではないと言ったのです。

日米安保条約は、全世界の中心になる意味を持つ形で蘇らなければならない。もっと具体的には、中東も直接相手にする形で日米安保の位置づけをしなければならないという。そういうなかで日本では「平和の配当」をもらわなければならないみたいなことを言っていたのですが、こうして日米安保は意味が変わってしまうということになります。

さらに冷戦が終わることによって、世界に半分あった労働力、社会主義圏の労働力と資源が全部、国際市場に投げ出されたわけです。そうすると、日本の場合にはどうなるかというと、日本の相対的に高い労働力を国内で囲って、彼らにずっと投資するよりも、もっと安くて質のいい労働力が世界にいっぱいあるのだから、それをどんどん使おうということになったわけです。

だから、日本で日本的経営をやる必要はなくなるわけです。地域についても、わざわざ地方に補助金を出すよりも、どんどん外国へ行ったほうがいいということになって、いわば地方対策も国と地方との関係も変わってくるということになりました。そうして企業中心社会も終わるのですが、福祉もずっと日本的経営とセットになっていましたから、もういちいち社員の面倒を見る必要はないという形になるわけです。そうして五五年体制も終わるのですね。

五五年体制というのは一九五五年に出来た体制のことで、先述のように改憲・安保賛成vs護憲・安保反対という勢力がおおよそ二対一の数の割合で存在している体制のことです。しかし、その安保条約が先程言ったように変質してしまうことによって、五五年体制が崩れてしまいます。挙句の果ては、自社連立政権ができたりするわけです。そういうふうに一九五五年体制も終わり、変わっていくということになるわけです。ベッドタウンシステムというのはまさに、このシステムと同時に、またその一環として進んできました。

とくに大きく変わってくるのは、七〇年あたりから日米経済戦争になったことによります。この時期までは、民需中心の日本的経営は強いのですね。アメリカの場合、一番いい良い労働力と一番よい資本と一番よい技術が軍需に行くわけですが、日本の場合はいきなり民需に行きます。そうしたら、家電でも自動車でもアメリカに勝つわけです。そうするとアメリカは非常に国力が厳しくなってきて、それが原因の一つで軍拡競争をソ連とできなくなって、結局、冷戦が終わっていくということになります。

そのあとは現代なわけです。たぶん、このままいけば世界中がいわゆる市場、つまり資本主義市場的な帝国に包摂されてしまうだろうと。それから、新自由主義の経済が普通になってきて、日本国憲法も改正されると。

それから社会のほうも、市場全体主義というか、市場原理主義とナショナリズムみたいなものが結びつく。地域のほうは地方分権。地方分権というのは何かというと、もう再開発のための補助金も出しませんから、君たち地方のほうで勝手にやりなさいというのが地方分権の真の意味です。だから、地方分権一括法とか、それから三位一体改革というのは、基本的にはそういうことだろうと思います。

それに対して私たちは、それがもし問題だとすればどうするかということで、次が私の提案するオルタナティヴ（もうひとつの方法）です。が、皆さんにもこのオルタナティヴを考えてもらいたい。自分としては、どういう国際システムがいいのか。それから、どういう政治システムがいいのか、どういう経済システムがいいのか、日本国憲法はどうするのか。それから、社会はどうしたらいいのか、地域はどうしたらいいのかというようなことをみんなで出して、それでみんなで考えていくしかないと思います。その時に憲法九条体制による国際的な実績と信頼、民需中心による日常生活用品や日常生活の仕方のブランド性など日本の戦後体制の〝成果〟と歩どまりを、ポスト戦後体制を考える時の客観的基礎として考える必要があると私は考えます。

3　問題解決の基本方向

次に、これらの問題の解決の基本方向の問題です。私はやはり基本的には学者ですから、きれいごとしか言えないのですが。住民、しかも多様な住民の立場で議論をするということ。したがって、自治体の職員にとって自治体がなくなると、自分の飯のタネがないから困るとかっていう話はもちろんあると思うんですが、自治体がなくたって、住民は生きていけるわけでありますし、それから国家がなくたって生きていけるわけだし、帝国がなくたって生きていけるわけです。

これまでの経済成長がなければ人間生きていけないなどと思い込んでいるけれども、本当にそうか、実はそうではないわけですね。人類は資本主義以外で、成長がないところでも長く生きてきたわけです。そういうところから学んだほうがよい。しかも、しっかり学んだほうがよい。昔はよかったとか不便だったね、とかいう話ではなくて、そこからきちんと学ぶという時代に入ったと思います。自治体や国家を運命共同体みたいに思いこまないで、考えたほうがいいだろうと思います。

　また、住民の問題でいうと、高度成長の時代までは、あるいは戦後体制のときには、日本人で男性で健常者で正社員というのが社会の主人公だったのですね。たとえば今はバリアフリーなどといいますが、昔、水戸市で自動四輪車椅子に乗って街をめぐり生活できるかどうかというタウン・モビリティーをやったのですが、街でいかに車椅子が入れないところが多いか分かりました。道は角度があるし、店は段差があって入れないようになっている。いかに障害者の存在がゼロであるかのようになっていて、健常者のみが生きやすい社会だったのかがよくわかりました。*8それから男性中心の社会だったので、女性は正社員以外はパートや臨時社員などというような雇用形態が多かった。

　しかし、そういうあり方から、日本人でない正社員でない男性ではない健常者でない人も含めて多様な住民が、自分たちの世代や社会をどう再生産していけるか、しかも補助金もないし人口も増えない中でどうしていくかということを考えなければいけなくなってきたと思うのです。

そういうことをふまえてると、さまざまなことが考えられます。そのときに思ったのは、地域内循環、つまり住と職をどうやってもう一度結合させるかということを、ベッドタウンのど真ん中で考えなきゃならないのではないかということです。

だから、増田寛也さんが言うような、もうベッドタウンはそのままにして、そこに介護施設などをたくさん建てて老人を引き取ってもらう、などということではなく、職と住を再結合するという問題を具体的に考えなければならないというように思っています。

そういう点でいうと、少しこれは抽象的なのですけれども、地産地消とか、地サービス地消とか、つまり地域で生産して地域で消化するとか、地域でサービスをつくって地域で消化するという方法のように、いわば〝地金地消〟つまり地域で市民ファンドなど、社会投資の方法をつくって、それを地域内で循環させるというようなことを具体的に考えることが必要ではないかと思います。

これについても、いろいろな例があると思います。おもしろかったのは、獨協大学の地域総合研究所で、「ベッドタウンシステムと女性」というシンポジウムを以前やったのですね（補論参照）。そのときに、モーハウスの光畑さんという（有限会社 モーハウス／代表取締役 光畑由佳）、電車の中で授乳をする服などをつくったりする会社の方に来ていただいたんです。光畑さんはつくば市に住んでるのですが、彼女の話はすごくおもしろかったです。[*9]

どういうふうにおもしろかったかというと、彼女が私の話へのコメントとして、女性たちは現在、一人で育児をすることがすごく多いのですが、そういう一人で育児をやるというのは、実は異常な状態だと。たとえば以前の農村の場合だと、母親一人が子どもを育てることは、まずないわけです。当然そこでは夫もいるし、おじいさん・おばあさん、親類、近所の人びとがいるわけですね。そうなると、現在の子育て状況というのは、職住分離が生み出すのですね、というわけです。そうだとすると、職住分離をするということは、通勤時間の問題にあらわれると。一時間や二時間かけて通勤できるのは、日本人で男性で健常者で正社員だと。一方で、子育てしている人はそんな長時間の通勤などに耐えられない。だから、母親が一人で子どもを育てることになってしまう。では、そこでどうするかということで、彼女はつくば市で仕事と会社をつくったわけです。

つまり、ものすごく優秀な女性たちが世の中にはいっぱいいるが、みんな通勤はできないので子どもを一人で育てている。そういう人たちを集めて、近所にある彼女の会社に子どもを連れてきて働いてもらう。そのときに丸一日働くのではなく、働ける時間だけ働き給料を出す。そこでは安心して仕事ができて、子どもたちとお母さんたちが元気になったということなのです。

つまり、工夫することで通勤時間というネックをこえて、女性がそういう形で仕事できる場所を新しくつくり出している。その点でいうと、さらに市民ファンドとか社会投資とかワーカーズコレクティブなど、いろいろな形での仕事の場のつくり方があると思います。

それから、その次にはナショナル、グローバル循環との連結です。現代は封建社会ではないですから、自給自足で閉塞的に地域内循環をつくって、それで持続できるなどということはまずあり得ないわけです。必ずそれはなんらかの形でナショナル、あるいはグローバル循環と関係しなければダメなわけです。

これもさきほどお話したように、前のめりに、前へ前へというだけではなくて、後ろというか歴史からも考えるということが大事です。たとえば縄文時代、山梨地域では石器の原料である黒曜石はまったく出ないわけです。にもかかわらず、黒曜石の矢じりが出土している。黒曜石が出るのは、長野や岐阜などもっと西のほうだそうです。つまり、縄文時代の段階でもローカル循環じゃなくて、ローカルを越えたリージョン（地域）やナショナルな範囲での交易が行われるシステムができているわけです。そういうことからも、現代の我々は学ぶ必要があるだろうと考えるわけであります。

次は地域に則して考えるということで、いくつか例をあげてみたいと思います。

4　地域に即して考える

地域に即して考えるという問題で、まず東京圏の問題を考えました。[*10] その際、東京圏をいろいろな指標で説明したこれまでの研究を私なりに構成し直してみると、東京圏はおおきく西と南、東と北に分けることができます。

渋谷・世田谷・武蔵野・横浜・鎌倉などというのは西と南のほうですね。江戸川・足立・埼玉東部・茨城南部などというのは東部・北部です。そうすると、西・南の方の特徴は、学歴が高い、納税額が多い、ホワイトカラーが多い、犯罪率が低い、それから外国人はアメリカ人やイギリス人が多い。それから、シングルマザーが少ないというようなところが共通だそうです。一方で東と北のほうは、ブルーカラーが多く学歴が割合に低い傾向にあり納税額が低く犯罪率は高い、外国人だとアジア人特に南アジア人が多いなどです。ちょうど対照的な形になります。どちらかというと、西と南のほうは、ホワイトカラーのアッパーミドルが割合に多く、それに対して東と北のほうは、旧中間層や自営業者・商店主といった人が割合に多い、そういうことだったと思います。そういうなかで、政治学者の松下圭一さんなどがいう「市民」モデルの現場はだいたいこの西と南です。そこでの「市民的」というのは旧中間層ではなく新中間層のホワイトカラーのアッパーミドルの意向を表現しています。

だから、旧中間層・商店主・農家、それから労働組合というのは、新中間層にとっては彼らの行動の自由を拘束するものだと思う傾向があるわけです。それは要するに、彼らは非常に古いもので、封建的なもので、昔は町内会でファシズムの手先だったのだから、彼らを潰すことが民主化であり市民自治だと、こういう話しだったわけです。

だから、そういうことをどんどんやっている武蔵野市や三鷹市は非常に先進的自治体で、そういうことをやっていない足立区・葛飾区などは市民民主主義の遅れた自治体なので、かれらは武蔵野市などに追いつけ追い越せをしなければいけないと、こういう認識だったわけです。

西・南はアッパーミドル・高額所得者・高学歴者が集まって、犯罪率も少ないというわけですが、私はアメリカで生活していたとき非常によくわかったのは、犯罪者というものの絶対量は一つの国に同じなのですね。それがどこに分布するかという問題なのです。だから私が当時住んでいた高級住宅街では、犯罪者だとか貧乏人はみんな追い払われたり、いろいろな仕組みで入れないようにしたり、あるいは家賃を高くして住めないようにしていました。そうすると、貧乏人や犯罪者が集まっていないところというのは、アメリカではっきりしてるわけです。しかしこれは、一方がよくて一方が悪いということではなくて、あちらから追い出されるからこちらに集まるということ。ある意味では、この西と南と、東と北の問題は、そういう問題と非常に深い関連がある。

だから、そういう点では、これは先進・後進の議論ではなくて、もしも犯罪者や貧乏な人たちが集まっているとすれば、それは再配分の問題として、きちんとそこに手当てをするなどということもやらないといけない。つまり軽蔑ではなくて感謝して、きちんと財源をつかって手当てをするということが本来なのです。ただ、一方でもう一つ大事なことは、東や北のほうは、実はある意味で非常に多様です。これは私の言う住と職の多様な再結合による地域の循環をつくるのに非常によい条件です。一方で、ベッドタウンでサラリーマンばかりのところは、他に働いている人が少ないので本当に没落するときは早い。

だから、そこでも逆転が起きるわけです。それとの関係でウサギ小屋問題ということが住宅についてありました。

日本の住宅は狭くて、国民がいい思いをしていないと言われました。私も三〇年くらい前にイギリスへ行ったときに見たのですが、イギリスでは労働者階級の家も大きいのです。つまり、イギリスは世界中の植民地から富をいっぱい持って来ているので、イギリスの労働者階級までこんな豪勢な生活をしていると思ったのです。これはだめだと思いましたね。

だから、日本のあのウサギ小屋みたいな家も、今や立派なものだというふうに私は思っているのです。今のような時代になると、小さいところで地味に生きるということは貧乏くさい話ではなくてひじょうに健全な生き方だと思うからです。

それから、さらにシアトルとかラスベガスにも調査にも行ったのです。それでいろいろ周辺の調査もしました。ピッツバーグや川崎なども少し調べました。

この「ポスト・ベッドタウンシステム」のところの論文に書いておきましたが、[*11] シアトルには、一次産業・二次産業・三次産業にわたる多様な産業と雇用があります。それが、同一の地域の中で、それぞれ連関しながら循環して存在している。そこでは住と職は非常に近いところにあります。つまりシアトル市内の近接したところに職場と住居があるのです。それから遊ぶところもあるし、大学も含めた教育機関もあります。「ポスト・ベッドタウンシステム」を、ある意味で体現しているような都市として、私はシアトルを評価しました。

そういう目で日本に帰って来て、もう一回日本のベッドタウンを見ると、結構まだ多様な一次産業・二次産業・三次産業が存在していて、捨てたものではない。たとえば府中市などはベッドタウンだとよくいわれるけれども、あそこは工業都市です。私の住んでいる小金井市などは、どんどん工場を追い出してしまっているわけですが、府中は全部残しているわけですね。かつ、府中は競馬場というギャンブルまで残しているわけです。他の「ベッドタウン」でも単純なベッドタウンにしないような要素があって、そういうことをさらに自覚的・戦略的にやっていった場合には、「ポスト・ベッドタウンシステム」をよりよく展開できる条件があるだろうと思っています。

また、二〇一四年一一月二二日の横浜でのシンポジウムでは、コメンテーターの坂井素思さんが、横浜市の昼間人口と人の移動の推移を調べられ、私の東・北と西・南「問題」を横浜市の内部にも存在することを指摘され、その二つの対立をどうするのかと問題提起されました。私は両者の存在と関係が横浜を一層豊かにするものと考えるべきだと抽象的にこたえました。それもふくめてコメントは問題の解決の新しい視野を開かれました。そういう視点もあるのです。

それから、地方都市とか中山間地域との連携については、先ほどお話したとおりですが、最後に最近私が関わった日野市のケースを考えましょう。

東京都日野市がホームページでも公表している『日野市まち・ひと・しごと創生総合戦略（二〇一六年）』というパンフレットがあります。私は埼玉県草加市の獨協大学の地域総合研究所の所長をしていた時に、あの地域の課題が何かということを調べていました。そうしたら、みんな福祉とか交通とか教育の問題について、大変だ大変だというのです。それに対して私は、一九五〇年代から七〇年代にかけてつくられたベッドタウンのシステムにガタが来ていて、その次のシステムをいかに考えるのかが問題の焦点になっていると、問題を提起しました。つまり先程言いました、住むことと働くことの再結合、介護と子育て、教育との再結合をしなければいけないと。

埼玉県の状況が厳しいのは、一次産業しか存在しなかった所に、東京から一気に人が押し寄せてベッドタウンになってしまったからです。だから低成長と高齢化・少子化に同時に直面して、やはり一気に大変になってしまっています。つまり東京に働きに出て稼いできて地方税を払ってきた人々が、一気に退職して後に入る人がいない。つまり、将来税金を払う人がいなくなるということで、これはもう目に見えているわけです。首長たちもこの問題に直面することを避けてしまっていました。しかし私の論文を読んだ日野市の地域戦略室の室長や市長などが、これは日野市の問題と同じだということで、私を委員長にしてこのパンフレットをつくったわけです。

日野市の人口と町の状況について言うと、一九二〇年代以前は元々農村地帯で人口の少ない所でした。しかし、一九三〇年代以降に総力戦体制の中で工場が一挙に建設されていきます。戦後も工場を中心に、東京の衛星都市として、職と住が一致した場所として、つまりベッドタウンではない形での都市を形成していきます。ところが一九七〇年代からベッドタウン化して人口が一気に増え、いま高齢化などの問題に直面しているわけです。私は総力戦体制の前に戻る可能性を含めて議論した方がいいと思うのですが、実務家的にはそうはいかないので、少なくとも一九五〇年代から六〇年代に戻って考えたほうがいいと提言しています。もちろん、大企業の工場はすでに外に出てしまいつつありますので、昔と同じ事は出来ません。ただ日野市の場合は、日野自動車とか富士電機の大きな企業の本社は残っています。そこで生産し、職場として存在して、それが地域の諸関係として、内外循環としてどのように存在するのかということをＩＯＴ（Internet of Things　モノのインターネット化）の問題も絡めて考えていく必要があると思います。

私は企業の人たちにも会って話をしたのですが、社員が日野市に住んでいて、いい町だと思っていて引っ越すのを嫌がるので会社が移転しない、という側面があると聞きました。これは資本主義に反する面もありますが、現実に世の中はそう資本主義的に動いているわけではありません。そうした姿に相応しい形で、新しい企業のあり方と新しい生活のあり方をどうつくっていくのかを「生活価値共創都市」として考えていこうとしています。これは人や生活のあり方とか仕事をどうするかという問題や、街全体をどうするかという問題を生活の新しい質の問題として考えてみるということです。生活の質というのは、日野市にベッドタウンでかつ従来の工場が存在していたかつての時代の生活とは異なる質が要求されている、という問題として考えていく必要があるだろうということです。この戦後体制ともベッドタウンとも異なる生活の質は、企業のこれからの目標でも、地域のそれでもある歴史的質だと思われます。

むすびにかえて

最後にベッドタウン地域のゆらぎのあとのシステムをどうするかということと、その方向性は、それを脱戦後体制の一環としてどう考えるかということと、多様な地域内循環と内外循環のシステムの形成の問題と連関します。それから、非営利的な協同システムをどうつくるか、そしてこれまでとは異なる生活の質の形成をいかに行うかが課題になるだろうと思われます。

（付記）本稿は二度にわたる放送大学ガバナンス研究会公開シンポジウムにおける基調講演をもとにして作成されたものである。第一回は「ベッドタウンのあとは？」（二〇一四年一一月二二日、横浜市）、第二回は「郊外都市の新たな挑戦――ポスト・ベッドタウンへ」（二〇一五年一月一〇日、和光市）である。

注

＊1　雨宮昭一「ポスト・ベッドタウンシステムの構成と射程」雨宮昭一・福永文夫・獨協大学地域総合研究所編著『ポスト・ベッドタウンシステムの研究』丸善プラネット、二〇一三年。

＊2　雨宮昭一「安倍政権と戦後システムのゆらぎ――同一の未解明の歴史的課題のさまざまな解き方」唯物論研究協会編『唯物論研究年誌第一九号　転換する支配構造――安倍政権的なもの』大月書店、二〇一四年。

本書第4章に収録。

＊3 「シンポジウム報告」『地域総合研究』三号、二〇一〇年。

＊4 ロバート・スキデルスキー、エドワード・スキデルスキー（村井章子訳）『じゅうぶん豊かで、貧しい社会：理念なき資本主義の末路』筑摩書房、二〇一四年。

＊5 雨宮昭一『総力戦体制と地域自治』青木書店、一九九九年。

＊6 獨協大学地域総合研究所開設記念シンポジウム「ポスト・ベッドタウン――地域と大学とともにめざす「知」の統合」『地域総合研究』創刊号、二〇〇八年。

＊7 雨宮昭一『戦後の越え方』日本経済評論社、二〇一四年、viii頁。

＊8 注＊6に同じ。

＊9 「大都市近郊地域（ベッドタウン地域）と今後の女性」『地域総合研究』第七号、二〇一四年。

＊10 倉沢進編『東京圏の社会地図』東京大学出版会、二〇〇七年。

＊11 注＊1に同じ。

補論　大都市近郊地域（ベッドタウン地域）の今後と女性

雨宮でございます。それでは基調報告をさせていただきます。

けさまでかかっても、レジュメが書けなかったのですが、後のほうで「ポスト・ベッドタウンシステムの地域づくり」というものが配られたと思いますが、これにプラスアルファしてお話をしたいと思っています。

今日のテーマは、「大都市近郊地域の今後と女性」ということでございます。ここでは何を言いたいかというと、ベッドタウンというのも戦後体制の一環だということです。その戦後体制が崩れます。崩れると、多くの人間たちはこれまでどおりやっていけなくなります。だから、変えざるを得ませんね。例えば女性の専門家かどうかわかりませんが、上野千鶴子さんという方が『女たちのサバイバル作戦』（文春文庫、二〇一三年）という本を出されていますね。ここでは、この体制の変化の中で、女性たちが総合職も一般職も派遣職員もみんなつらいけれども、みんな足を引っ張り合って、自分たちがうまくサバイバルしていない、これをどうするかという話もされていると思います。ただそのことについて、比較的、国家とか企業とか私的なレベルでずっとお話をされているんですが、私はそこで、上野さんが必ずしも触れていない地域の問題を考える。そうすると、体制が変換するときは女性も大変ですし、男性も大変なんですが、地域も大変なのですね。地域もどう大変かというと、高度成長を大成功させたベッドタウン・システムというのがあります。日本中の労働力が大都市に集まってきて、大都市の周りにベッドタウンをつくって、どっと東京に働きに行って、どっと地域に帰ってきて、どっと住民税を払って、地域システムを回すというシステム、非常に効率的なシステムが動いていたわけですね。

その中で、これも後からお話ししますが、企業戦士と専業主婦の性別役割分業が初めて、六〇％、七〇％になるわけです。専業主婦というのは、実は、歴史はそんなに古くはないのです、随分新しいのですね。

その二つだけじゃないのですが、その二つがこの体制の転換の中で全部危機に陥る、つまりどっと東京に行って働いて、どっと埼玉に帰ってきて、どっと住民税を払ってという人たちが、今度は、どっと退職して、どっと福祉の対象になる、極端に言えばですが、そうすると誰も税金を払う人がいなくなる、けれども経費はどんどんかかってくるというような問題をどうするかという問題、上野さんは、女性のサバイバルという言葉を使っていましたが、サバイバルというのは生き残りということですね。持続可能性、サスティナビリティじゃなくて、もうサバイバルだ、どう生き残るかということなんだという話なのですが、これは、地域にとっても、サバイバルの可能性がある、どう生き残るかという問題になって、多分今日のシンポジウムのポイントは、この女性のサバイバルと地域のサバイバルをどう相互排除的ではなくてどう克服するかということだろうというふうに思います。

それに従って少しお話をしていきたいわけですが、大きくは、一つは、ベッドタウンと戦後体制の問題を少し簡単にお話しし、その後、その中で特に女性の現在のあり方は、欧米と比べてどういう特徴があるかということをお話しして、その上で、地域と女性との今後の方向と視点みたいなことを簡単にお話ししたいと思います。

まず、戦後体制というのはよく言われますが、一九五〇年代につくられた冷戦―日米安保体制というのが国際体制としてありますね、国際システムとして。それから、日本的経営というのがありますね、日本的経営経済システム。それから、日本国憲法体制、そして政治的には五五年体制、五五年体制というのは、改憲か護憲か、日米安保賛成か反対かが二対一の割合で安定している政治システムですね。一党優位体制ですから、このもとで日本的経営が行われて、日本は高度成長して、いま考えるとあんなにおいしい時代はなかったような気がします。その時代は子どもたちも、勉強してそれなりにいい子になって、それなりの学校に行って、それなりの企業に行って、終身雇用、年功序列で一生暮らせる、こういう物語で生きられたわけですね。これがまさに戦後体制の物語です。その物語が、ご存じのとおりですが、一斉に崩れてくるということになります。

それから、地域の問題で言うと、それまでは、住むこと、育てること、遊ぶこと、学ぶことまで、地域の中であるていど結合していたわけですが、それを強引に、職と住を分離して、職に特化するということを行うわけであります。この職と住の分離のシステムは、確かに非常に当時においては効率的で、しかも、その地域の産業を追い出して、住に特化するということをしたわけです。

それから、さっきお話ししたように、性別役割分業を一般化させるということになります。

さらに、当時の高度成長の社会というのは、社会の主体、その主人公というのは誰かというと、日本人で男性で健常者で正社員でした。

それらがどう揺らいでいくか。大体一九七〇年代ぐらいからずっと揺らいでいきます。そして、いわばポスト戦後体制に移行する。

具体的に言えば、例えば冷戦が終わります。冷戦が終わると、社会主義国にあった膨大な労働力と資源が全部国際市場に投げ出されるわけですね。そうすると、日本的経営も、必要がなくなってくる。つまり、日本が敗戦により植民地を喪失し、冷戦体制の下にあって外の労働力や資源を使えないから、日本人を囲い込んで、育てて生産してもらうということをやる必要がなくなるわけですね。安い労働力と安いマテリアルがいっぱいあるということになれば、日本的経営もだんだん崩れてくる。地方でわざわざ再開発してコンビナートをつくって、補助金を出して、地域で生産するよりも、どこかアジアにでも出ていけば、非常に安くてすぐに生産できる、こういう話になるわけです。

地域の問題で言うとそれに加えて、少子高齢化で税金の払い手がいなくなるような逆転が起きる。かつ、おもしろいのは、この変化の中で、日本人以外男性以外健常者以外正社員以外の人々が社会の中に台頭してくるというか主体になってくるということになってきますね。

以上、戦後体制からポスト戦後体制へが、ベッドタウンシステムからポスト・ベッドタウンシステムへの移行が考えられなければならない前提だろうと思います。この中で、女性はどうであったでしょうか。

本日お話しされる方々はもっと緻密ですが、上野千鶴子さんの『女たちのサバイバル作戦』という本などから見てみると、先進国の場合、日本以外の欧米先進国の場合だと、女性問題はどう進んでいったかということになると、大体一九七〇年代に、脱重化学工業化と貿易自由化みたいなことはやらざるを得なくなってくる。ご存じのように一九七三年に石油ショックがありましたね。あのときに、客観的には産業構造の変化が強いられていたわけです。それが、例えば産業のソフト化とか、それからグローバリゼーションへの対応ということを準備する。この過程で一つは、重化学工業だと、男、わかりやすい肉体的な力がある人間が威張っているというか高位にいたわけですけれども、ソフト産業になってくると、コミュニケーション能力も含めて女性とか高齢者がすごく重要な意味を持ってきます。早い時期に、そういう形でのソフト化に対応して、女性のさまざまな社会的進出も含めた自立の条件を欧米ではつくります。

だから、二一世紀以後になってくると、離婚率がどんどん上昇する、悪い意味でなくて離婚率が上昇するし、もう一つは、婚外子の出生率がどんどん上昇する、つまりシングルマザーがどんどんふえるというようなことになります。これは、いずれにしても一九七〇年代からもう既に欧米はさまざまな形で対応した結果であります。

ところが、日本の場合だと、ご存じのとおり一九七三年の石油ショックでひとり勝ちする。ひとり勝ちするというのは何かというと、ジャパン・アズ・ナンバーワンで、日本が、旧来の日本的経営を変化させながら日本だけが生き残るという形をとったわけですね。おかげで経済のソフト化とグローバライゼーションは遅れたわけです。それゆえに依然として、さっき言った、日本人で男性で健常者で正社員中心のシステムの若干の修正で終わったし、性別役割分業もかえって強化されました。

ところが、一九九〇年に冷戦が終わるということになると、外からどっとその条件が変わる。つまり、安い労働力と安い資源が世界中にいっぱい満ちてくる。そうすると、今までの日本のシステムは、もう変えなきゃならない、変えざるを得ないという状況になりますね。

そのときに、何をやったかというと、これは、上野さん流に言えば、財界を中心とした形での労働の雇用の破壊というふうに彼女は言いますけれども、労働の自由化、つまり労働力のフレックス化、ヨーロッパの場合には、労働組合の中央組織が強いこともあって、労働者にとってのフレックス化ということが入ったシステムをつくるのですが、日本の場合には、ほぼ一方的に使用者側による労働の自由化が行われるということになる。このことは、少し言葉がきついわけですけれども、そのままいけば女性と若者の使い捨てということになるということになるわけでありますが、そういう状態になる。

かつ日本の女性がつらいのは、これも、非常に評価は難しいんですが、家事と労働の両立問題があります。欧米の場合ですと、まず外国人労働者をどんどん入れます。育児と家事をやるこの外国人労働者がどんどん入ってくるということになるわけですね。そうすると、いわば欧米の場合には、育児と介護は逆に外国人労働者にやらせるという形で、女性が先のシステム変換に合わせて、両立問題で括弧つきの解決をするということになるわけです。ところが、日本の場合は、その外国人労働者を非常に制限している、クローズさせている上に、労働の自由化があって、そうすると女性は、育児との両立も大変だし、男性と全く同じ働き方を条件を変えないでつくられるということの中で、大変なことになるわけです。そういう点で、上野さんに言わせると、総合職も一般職も派遣労働者も、追い詰められていて大変だという話になるわけです。

だから、この問題について、上野さんの話では、そういういわば分断のような問題は、政策や制度の変更にかかわる国家のシステム、雇用慣行や労働者のルールなどにかかわる企業のシステム、それから私的レベルのシステムでどうするかという話が出ていて、特にその私的レベルの話は、非常に彼女の場合に迫力がある。女性が、職場で働いて子どもを産んだら、大体やめさせる圧力がものすごく強い、そのときにも辞めちゃだめだ、ちゃんと「不良債権」としてしがみつけというようなこともこの本には書いてあります。

ここでは、国家、企業、私的レベルのことがずっと言われていますが、地域のレベルでどう考えるかはこちらで考えなければなりません。この点で、第三の問題にかかわりますけれども、地域に、さっき言ったように、一つは、グローバル化と高齢化、成熟化と言われるような事態が一挙に来る、一九九〇年以降に。このことによって、地域の生活の仕方とか財政とか経済とか、それから雇用とか福祉とか税収に、圧倒的な影響を与えられるということになって、特にベッドタウン地域は、ある意味では非常に極端に住に特化されたシステムをつくったことによって、非常に大変なことになるわけです。

最初にお話ししましたように、地域のサバイバルの問題です。私は、この地域のいくつかの自治体でいろいろな審議会などに出ていますけれども、特にこのベッドタウン地域の幹部とか首長さんたちは、やっぱりベッドタウン戦略をずっと持続させていますね。もっと違う方向を今のうちに準備していかないと無理だろう、つまりもう金持ちを集めて、税金をとろうなんていうことは、少子高齢化の中ではほとんど不可能です。そうすると、その職と住のあり方自体をどう変えるかという問題は入れなきゃならないのではないか。それが、前から言いましたように、職とか住とか育てるとか学ぶとか遊ぶ、介護するという諸機能のいわば再結合の問題、再結合の問題をどう地域で考えるかということであります。

その意味で言うと、地域の中に、地域のある自立性が必要であって、地域の中に、社会的、経済的な地域内循環はどうつくるかという問題をやっぱり戦略的に考えておかなければいけないと思いますね。そして、封建社会ではないわけですから、クローズするわけにはいかない、それは、ナショナルシステムあるいはグローバルシステムと、どう連携・連動させて、そのシステムをつくるかということを今から準備しておかなきゃならないだろうと思うんですね。

その点では、ある市の審議会等々で話していて、誰も税金を払う人がいなくなっている、そして町内会費で保持していた電燈が廃止されたというような話も聞きました。そうすると、産業、働くということをその地域の中に、いかにしてもう一回違う形で位置づけるかということは、具体的に考えなければいけないのではないかというふうに思います。それが一つであります。

それから、もう一つは、日本人で男性で健常者で正社員以外の人々も含めた、つまり女性や外国人や障害者や多様な働き方している人々を含めた世代や社会の再生産は、地域でどう行うかということを具体的に考えなければならないと思うんですね。

このことについては、私がアメリカで生活していたので非常によくわかるのですが、自治体間競争というのがありますね。あれは何かというと、税金を払えない貧乏な人や、福祉の対象になる人間や異質なものの追い出し競争なのですね。つまり、実は排除競争です。だから、そういう排除競争にならない地域をどうつくるか。

それから、女性の問題で言えば、分断、足の引っ張り合いではない、男性も含めてですが、そういう連帯・連携の形で、どのように社会や世代の再生産をするかということを具体的に考えなければならない段階に来ているだろうと思います。

そういう点で言うと、今日のお話になりますが、今日のシンポジウムに参加されている方々は、実は国家とか企業というよりも、地域の中で、具体的に事業や、それから関係等々を組まれて、それが、多分私の感じでは、さっき言ったような排除競争でない自治体をどうつくるかという問題を多分準備されつつあるのではないかというように、私は考えております。以上のようなことで、シンポジウムの中では、この地域での女性たち、これは、起業家とかＮＰＯにかかわる女性たちとか、それからそれにかかわる行政とか、それからシングルマザーの人たちが、現実のさっき言った体制の転換期の厳しい中でどう存在していて、どう活動されているかという実態をまず私たちは知る必要があるだろうというように思います。

それからもう一つは、その中での直面する課題を出していただいて、そしてそれを解決するために、ともに助け合う、アドバイスし合う、あるいはつながり合う、ネットワークするようなことをやはりこの場で考えていきたい。せっかくここには、みんないい意味での違う領域の人が集まっているわけですから、ここでつなぎ合うということも非常に重要ではないか、これは理論的な問題も含めてですが。

それから、さらに第三、それが同時に、さっきお話したような地域の持続可能性、あるいは地域のサバイバルにとってどういう意味を持つか、それぞれがどうお考えになるかということを出し合って、それをいわば確認し合えたら非常によろしいのではないかというように思います。以上です。

（二〇一三年一一月九日、独協大学地域総合研究所主催シンポジウム「大都市近郊地域（ポスト・ベッドタウン地域）と女性」基調報告、『地域総合研究』第七号、二〇一四年）

第4章

安倍政権と戦後システムのゆらぎ

——同一の未解明の歴史的課題のさまざまな解き方

はじめに

安倍内閣は一次、二次にわたって、教育基本法改正、防衛庁の防衛省への昇格、国家安全保障会議の設立、特定秘密保護法の制定、武器禁輸三原則の大幅緩和、ODAでの軍事補助開始、集団的自衛権容認の閣議決定、さらに、生活保護の大幅削減、雇用規制緩和などを次々と〝実現〟している。戦後体制の大きな変化を意味するこれらの政策が多くの人々に支持、受容されているのは、驚くべき事態である。

それを可能にしているのは、結論を少し先取りしていうならば、その政権がどういった形にせよ、時代の転換点における課題に応え、それゆえに一定の支持者・受容者を得ているからである。

それゆえに体制がゆらぎ変化を迫られているときの争点は、その変化への対応という同一の歴史的課題に対する異なった解き方である。つまり、体制の転換期とは、転換をどうするかについての複数の解き方の争われる社会・政治の空間――ヘゲモニー空間――である。安倍内閣のあり方もこの一般的な文脈のなかにある。その意味でいえば民主主義国の政権はそのヘゲモニー空間における従属変数でしかない。もちろん安倍内閣もその従属変数という点でまったく例外ではない。

それゆえ、「安倍政権的なもの」を語るのであれば、歴史的一般性、すなわち、安倍政権の維持を可能にしているものが、体制のゆらぎという時代の転換点における、人々の意識であるという点を見逃してはならない。それが安倍政権の特殊性を通してどう現れるかをみよう。以上の転換期における課題の解き方をめぐっての争われ方を、歴史的パースペクティブでみるために日本近代史における体制転換期ならびに直近といっていい田中角栄派―経世会政権、小泉純一郎政権、民主党政権それぞれ、ならびにそれらとの比較と関係を明らかにする必要があろう。

さらに上記安倍政権の諸政策は個々の領域の政策というより、関連を持った政策体系であり政権と支持者、受容者と反対者との関係を含みつつグローバル、リージョナル、ナショナル、ローカルにわたる全体的なシステムの転換を意味していよう。つまり争点は体制全体に関わる。この観点から帰結される重要な点は、転換点を迎えた社会は、そうした諸要素が、人びとの思想のダイナミズムによりどのように組み合わさるかによって、次の体制（システム）を決定してゆくということである。換言するなら、諸要素の組み合わさり方によっては、その社会の転換はさまざまな体制へと転化する可能性を秘めているといえる。それは、戦後体制が転換点を迎える現代においても同様である。

のちに詳しく考察するが、安倍政権の政策は、その願望とそれを構成している諸要素のあり方から、一九二〇年代の日本のシステムに近似している。そうすると、第5節で述べるように、近現代日本史において、転換期の課題が、民主主義の要素を有しつつも、すべて戦時体制へと向かった現実を考えれば、今の時代は戦争への時代を迎えかねない危機の時代（しかもリアルな危機は、軍備拡大や戦争準備や排外主義的行為が戦争にはならないと考えていて、戦争になる自覚が戦前と同様にないことである）であるともいえるし、初めて転換期の課題を以前とは異なる打開の仕方で解決する契機だと捉えることもできる。

なお本稿では、規範性と価値を含むレジームという概念ではなく、諸要素の相互関係と組み換え可能性を意味する「システム」というニュートラルなカテゴリーを使用する。

右の問題意識をふまえ、本稿ではまず、安倍政権がめざす体制の特殊性を考察する（第1節）。そのために安倍政権の提唱する「戦後レジームからの脱却」の戦後レジームとはいったい何を意味するのかについてみていく。そして、「日本を取り戻す」という場合の日本とはいったいいつの時代の日本を指すのかを探っていく。

次に、安倍政権が転換をめざす日本社会の姿（第1節）は、歴史的段階においていかに位置づけられうるかを探ってゆく（第2節）。

第三に、安倍政権が取り戻そうとする日本のシステムの帰結を考察したうえで、現在の戦後体制のシステムが、転換期を迎えるにあたってさまざまな課題を突き付けられていることの意味を考察する（第3節）。

第四に、安倍政権におけるポスト戦後体制への方策のあり方を解明したうえで、そうした政策を人々が支持するのはなぜか、政策に反対する側の問題点もふまえつつみてゆく（第4節）。

第五に、日本近現代史をみれば、民主化への動きがすべて戦時体制へと転化してしまった点をふまえ、当時の人々と「安倍政権的なもの」を支持する人々との意識における共通性と差異を探る（第5節）。

最後に、両者の差異を確認し、ポスト戦後体制の課題を安倍政権的でない解決の方向に転換するにあたっての課題と展望を述べて、本稿を締めくくろう（むすびにかえて）。

1　安倍政権のめざす二つの体制にみるシステムの転換

安倍首相（あるいは自民党）は、「戦後レジームからの脱却」を提唱し、「日本を取り戻す」と主張している。前者の「戦後レジーム」は、第一次内閣（二〇〇六〜二〇〇七年）の際に「戦後の「憲法を頂点とした、行政システム、教育、経済、雇用、国と地方の関係、外交・安全保障などの基本的枠組み」を指す」[*1]とされ、これからの脱却の一環として教育基本法などが「改革」された。その内容の一端を、第一次内閣成立の半年ほど前の安倍の言葉にそくしてみてみよう。安倍は、A級戦犯は、日本国の名において、衆議院決議により全員釈放されているので、かれらに「戦争の責任のすべてを帰すのは不可能」であり、「十年前」自民党が「「自主憲法制定」を綱領・理念から外そう」とした際にあっても、中川昭一、衛藤晟一と三人でその実質的議論を外さなかったと述べている。[*2]

そうみてくると、安倍の「戦後レジームからの脱却」は、占領期につくられた憲法、東京裁判、戦犯の処理などの諸要素からの脱却、つまり、敗戦前の「レジーム」に戻そうと考えているとみてよい。これは本書でこれまでのべてきた「第一の国体」の要素が強いといってよい。ただし、自民党改憲草案をみても、外交の場において「人権、法の支配、などの共通の価値」といった内容を多言している現状を含めて考えれば、戻そうとしている「レジーム」は、後述するように、戦時中の「翼賛体制」とか「ファシズム体制」ともいわれる体制というよりも、政党政治システム、親英米のワシントン条約システム、自由主義経済システム、治安維持法システムなどによって構成される一九二〇年代の「天皇制自由主義体制」に妥当する側面が多い。つまり第一の国体にも天皇制自由主義体制と翼賛体制という型があり、第二の国体にも戦後体制とポスト戦後体制という型があるのである。

後者の「日本を取り戻す」というフレーズは、第一次内閣成立前後から各選挙で使用されている。では、取り戻すべき日本とは、いったい何を意味しているのであろうか。

一つには、野党として臨んだ二〇一二年総選挙で主張していることからもわかるように、自民党以外の勢力による政権から日本を取り戻す、ということであろう。とくに安倍は、一九九三年の細川政権誕生時の総選挙における初当選組にあたる。つまり、自民党が初めて野党になったとき、すなわち一九五五年体制崩壊後の政治家として安倍は出発したのである。そのためこの主張は、与党が自明であった自民党にとって全く新しい経験のなかで生まれた欲望としての権力の奪還を意味した。

「日本を取り戻す」というフレーズの二番目の意味は、日本の国際的地位と高度成長をもう一度取り戻すということである。それは、安倍自身が語っていることからもわかる。

たとえば、二〇一三年七月二一日に行われた参議院選挙の直前、安倍は首相として次のように述べている。「いよいよ日本が世界のセンターから退場しはじめた。いや、もしかするともう、脱落してしまったかも知れないという、党内外の危機感が」自分を首相に就けたのではないか。対談者の田原総一朗は、それを受けて「九〇年当時、日本の国際競争力は世界一でした。それが一一年には一七位に後退してしまった。脱落としか言いようがないですね」と言葉を返している。

続けて安倍は、「国民総所得はこの数年間で、五〇兆円も減って四八〇兆円程度にまで落ち込みました。少し前に中国に抜かれたと思っていたら、かれらははるか先に行ってしまった、国民所得《（ママ）》は国力そのもので、当然、安全保障にも関わってきます。事ここに至り、今改革を前進させなければ大変なことになるという認識では、みんなが一致している」と述べている。

その改革のためにおきる「摩擦熱によって火事が起こって母屋が燃えてしまうのか、それとも熱をエネルギーに変えて、次々に矢を射ていけるのかは、まさに私の腕の見せどころですよ」と述べる。さらに「とにかく数年来、「摩擦」さえなかった訳です。「日本はもうだめだね」といった空気が蔓延して「経済成長しなくても幸せになれる」といった話がまことしやかに流布されました。しかしそんな事は有り得ないのです。毎年高齢化が進み今のサービスの水準を維持しようと思ったら、社会保障費は右肩上がりに伸びていく。その分を叩き出そうと思ったら、国民所得を上げていくしかないのですから。……日本経済の反転を、しっかりした流れにしていきたい」。そして最後に「我々は再び世界のセンターに返り咲こうと、歩みを始めました。日本にとっては、これが、ラストチャンスになるでしょう。このチャンスを逃がすわけにはいきません」と述べる。[*3]

このようにみてくると、「日本を取り戻す」の日本とは、「国際競争力は世界一」で国民総所得が「中国に抜かれる」前の一九九〇年前後の「世界のセンター」にいたときの日本であり、「再び世界のセンターに返り咲」くことが、取り戻すという意味だとわかる。

ところが、安倍の述べる戦後日本の成功体験は、次節で後述するように、日本国憲法も含む戦後体制で達成されたものである。

それゆえ安倍政権の標榜する新たなシステムは、戦前の「天皇制自由主義体制」に妥当する体制と、第二次大戦のあとの戦後体制とが重なっているといってよい。付言するなら、戦後体制の転換期にある今、経済成長に成功した時代への思いが強固な人々にとって、戦前回帰という戦後体制からの自立の気分を満足させ、かつ「ファシズム体制」ほどではなく、さらに一度味わったことのあるあの成長の良き時代の再来を期待させる安倍政権の「政策」は、想像以上にその心をつかんでいる可能性がある。

その点は第4節でふれるとして、安倍政権が標榜するこの二つの日本は、システムとして捉えたとき歴史的にどう位置づけられるのだろうか。

2 近現代日本のシステム転換

まず表1（第1章八・九頁）を参照しつつ、客観的、全体的、歴史的なシステムの転換を簡単に述べたうえで、前節でみた安倍政権の考える二つのシステムがどこに位置づくかみてみよう。

一九二〇年代の第一次世界大戦後にできたシステムは、国際的には、パクスブリタニカの世界における日英同盟体制から第一次世界大戦後のパクスアメリカーナに移行しつつある時期のものである。世界的にみれば、ヴェルサイユ体制、アジアにおけるワシントン体制がそれにあたる。

国内に目を向けると、一九二〇年代のシステムは藩閥政治から政党政治体制への転換であった。経済的には、国家主導の経済から民間主動の自由主義経済に移行し、法的には治安維持法体制が確立されていった。社会的には、自由主義経済の下で格差を是とするシステムであった。地域では、政党政治の定着との関連で分権が進んでいった。これらの諸要素が、相互作用、相互関連してシステムを形成していった。たとえば政党政治は、ワシントン体制や自由主義経済と、相互に関連し連動していた。

以上の意味では、安倍の「戦後レジームからの脱却」したあとのシステムは、政党政治から翼賛政治、自由主義経済から統制経済に移行したいわゆる「ファシズム体制」とも呼ばれた戦時体制ではなく、治安維持法制も含めて一九二〇年代の天皇制自由主義体制に近いといえよう。政党政治システムを堅持し、親英米路線に重きをおいた自由主義経済システムをより強固にする政策と、治安維持法システムに類似した「特定秘密保護法」や基本的人権の後退した憲法「改正」案にみられる政策を推し進めているからである。

次に、国際競争力が世界一の「世界のセンター」にいた日本とは、いかなる歴史的体制―システムであろうか。それは端的にいえば、これから述べる戦後体制である。

表1の戦後体制のところをみてほしい。その体制は、国際的には、戦勝国（連合国）体制としてのポツダム体制、連合国が資本主義圏と社会主義圏に分裂した冷戦体制、そのアジア版の一つとしてのサンフランシスコ体制（日米安保体制）であり、法的には戦勝国体制のなかでつくりだされ占領終結後の一九五五年総選挙で日本国民に選びとられた日本国憲法体制である。

国内の政治体制は、日米安保条約の賛否、日本国憲法の改憲・護憲を争点として、自民党、社会党二対一の割合で、安保賛成で改憲派の自民党一党優位体制としての一九五五年体制となる。

経済体制としては、憲法第九条が守られたことにより、連合国ともまた敗戦国のドイツ、イタリアとも異なる軍需経済を国民経済の中心としない民需中心の日本的経営体制、さらに補助金と地域開発によるシステムなどの相互作用としての戦後システムがある。このシステムによって「高度成長」が推進された。

一九七〇年代の「石油ショック」で資本主義諸国全体が低成長を強制されたときに、日本は、日本的経営を若干手直しし、先進資本主義国のなかで唯一成長を続け「一人勝ち」とも「ジャパンアズナンバーワン」ともいわれたが、[*4] この過程の全体こそ、安倍のいう「世界のセンター」にいる日本の姿である。

これら二つの日本とかかわる安倍政権の強さは、まず、この天皇制自由主義体制そのものである制度への「改革」が、戦勝国体制の側面がある戦後体制からの自立の欲求に形をあたえ、かつ「ファシズム体制」でもないという安心感をあたえることで体制の転換期における人びとの期待と不安に作用している。さらに一度味わったことのある、あの成長の良き時代の再来を期待させる安倍政権の「政策」は、想像以上に人びとの心をつかんでいる可能性がある。加えて安倍政権は、後述するように、二〇年代の体制から戦時体制への移行の際にみられたような、人びとのエネルギーの一部を味方につけている。

安倍政権の強さは、安倍のいう日本を世界のセンターに進出させたシステム——戦後体制——からの「脱却」を安倍政権が主張していることと関連する。安倍は、センター復帰のためには、それを可能にしたシステムを「改革」することなくして不可能だと述べているのである。それにもかかわらず、その「改革」が消極的な支持も含めて多くの支持を集めている。

安倍政権の特殊性の一つはここにある。どうして、このような事態が発生するのだろうか。次節では、この点について考察しよう。

3　体制の移行期にみられる課題

自由主義体制から戦時体制への移行——一九二〇年代から四〇年代へ

ここではまず、安倍政権の支持の根拠と内容を考える前提として、歴史的な経験を最初にみておこう。

第一次世界大戦が終わったあとの戦後体制としての天皇制自由主義体制は、順調に課題に対応していれば、デモクラシーの拡大、アジアとの適切な協調、自由主義経済の改善などとして深化し、展開する可能性があった。

では一九二〇年代の「自由主義体制」の各サブシステムは、その課題をはたせたのだろうか。米・英中心の帝国主義を前提とする国際的な戦勝国体制は、それに不満を持つドイツなどの戦敗国、疎外されていたソ連などの「新興国」を包含する課題に対応できなかった。そのため国際関係は、ベルサイユ―ワシントン体制に依拠する部分と、それに対抗する「世界新秩序」「東亜新秩序」を主張する部分とに分裂した。

国内をみると経済領域では、自由主義経済によって確かに国家主導のシステムから民間主導のそれに移行しつつあった。しかし、日本の資本主義が形成される過程での農村における地主―小作関係、都市労働者の無権利状態、旧い家族制度の下での女性の低い地位、都市と農村との生活水準の違いなどにみられる格差に自由主義経済による格差が加わり、不平等の解決が課題となって現れた。

政治における政党政治システムは、確かに藩閥政治よりも民主主義を進行させた。さらに、男子のみではあるけれども、普通選挙(普選)などで参加を拡げた。それ以降、女性への普選の拡大や、小作階層、労働者階級に政治的ルートを拡げることが課題となった。

こうした諸課題に直面した二〇年代のシステムは、国内外の民主主義を一層拡大し、制度化する方向で解決する可能性をもっていた。国際的には、ベルサイユ―ワシントン体制が対応しきれない植民地、従属国の人々の独立などの動きの受容や、それに関連する戦勝国とそれ以外の国との調整をなしうる可能性があったし、国内的には、格差と不平等の解決などを進める方向で解決を図る可能性があった。

こういった課題に対しては、当時、三つの方法が試みられた。一つは内外の運動による解決である。第二は社会のなかの支配層の進歩的な勢力と社会のなかの中間層以下との連合による解決、第三は総力戦体制への参加による解決である。[*5]

第一の点に関していえば、日本近代以来の格差と不平等の解決をめざす多くの運動があったけれども、一九二〇年代までに政界、経済界、官界の主流を占めていた自由主義派（政党政治体制、自由主義経済、ワシントン体制を基盤にした勢力）が、反動派（政党や農民運動などによって既得権を奪われて、それを取り戻そうと考えた勢力）と結んで小作法案や労働組合法案などをことごとく否定し、治安維持法体制を敷いたことによって、社会問題を政治的に解決する制度とルートの整備が阻まれ、不可能になった。

第二の方法に関していえば、一九二〇年代から三〇年代の初頭には、民政党と無産政党との連合による解決の可能性はあったが、日中戦争の開戦によって不可能となった。[*6]

こうして社会のなかに残された格差と不平等の問題は、大恐慌などにより一層強化される形で一九三〇年代に昂進した。そこで展開したのは、第一と第二の一つの方向が閉ざされることによって、第三の方法である総力戦体制を上からと下から推進する勢力と体制によって、その「解決」がなされてしまったという苦い真実である。しかも特筆すべきは、この際、各階層間、ジェンダー間、地域間、民衆と知識人との間などにみられた格差と不平等を解決しようとする多様で膨大なエネルギーが、戦時体制の形成に注がれたという事実である。

諸主体の運動や参加という形で民主主義の進展と格差是正をめざそうとする動きが、一九三〇〜四〇年代の政治的な流れにおいて「苦い」帰結に終わったという事実は、その民主主義の拡大、深化への動きを阻んだ自由主義派と反動派の責任抜きには説明できない[*7]。

かくして、第一次世界大戦の戦後体制としての自由主義体制は、その民主主義への対処も含めて戦時体制に移行してしまったのである。

戦後体制の形成と終焉

それでは、その戦時体制が終焉を迎えたのちの一九五〇年代に形成され、展開していった戦後体制は、どのようにゆらいでいくのだろうか。戦後体制のゆらぎは、いかなる要因で、いかなる主体によっておき、いかに「解決」されうるのだろうか。

ここではこの点を、上述の二〇年代の自由主義体制から戦時体制への移行の分析と同様に、安倍政権が、戦後体制の課題にたいしいかなる形で対応しているのか、そのリアリティーと方向性を次節で考える前提としてみてみよう。

まず、第一次大戦の戦後体制と異なるのは、第二次大戦の日本における戦後体制は、敗戦国として始まる点である。ポツダム体制は戦勝国体制であるが、冷戦体制のアジア版であるサンフランシスコ体制は、開戦責任、敗戦責任、アジアに対する戦争責任、植民地責任などに「寛大」なシステムとして始まった。

しかし、民需経済による日本経済は強力となり、七〇年代から八〇年代の「日米経済戦争」では日本が一時「勝利」するまでになり、アメリカから日本的経営などの「構造改革」を迫られることになる。この日米経済競争とアメリカの経済力の低下は、アメリカに軍備縮小を迫り、それも一つの要因として、ソ連とのデタント――「緊張緩和」ももたらし、冷戦の終結を準備していく。[*8]

そして、一九九〇年前後の冷戦崩壊を迎える。国際的には、冷戦体制による仕切りがはずれて、人、物、資本、情報が世界中に移動するグローバリズムの時代に入る。

このような事態の推移は、国際的には冷戦の一環としての日米安保体制の意味を失わせた。経済的には、社会主義圏の膨大な労働力と資源が国際市場に投げ出されたがゆえに、上述の仕切りのなかで機能していた日本的経営の優位性が、同時代的に進んだ少子高齢化とも相まって失われていった。さらにその仕切りゆえに可能だった補助金と地方開発による地域経営は、実質不可能となった。

こうして、冷戦―安保体制の是非およびそれに関連する日本国憲法の是非をめぐってつくられた五五年体制も終焉を迎える。経済的には、日本的経営などの優位性の喪失などにより日本の経済的地位が下がる一方で、中国などの新興国が台頭し、GNPで日本を追い抜いてゆく。

同時に冷戦の終焉は、戦後体制によって封印されてきた自前の戦争責任・植民地支配責任などが、たとえば、自国の高度成長によって韓国・中国などの一般民衆が戦争被害を自ら表現できるようになることと「新興国」としての台頭が結びつくことによって顕在化する。[*9]

かくして、戦後体制は終焉を迎えつつあるというのが日本の現実である。そこでは、さまざまなサブシステムがゆらぎ、課題が浮上してきている。冷戦終結や「新興国」の登場などで変化した日米関係、日本アジア関係をどうするのか。冷戦を前提とし、成長と人口増を前提とした民需中心の日本的経営のあとの経済は、どうするのか。地域開発も行われず補助金も投入されなくなる地域はどうするのか。五五年体制と異なる政治体制とはいかなるものか。以上の課題を解決する政治的社会的主体は、いかなるものか。

ポスト戦後体制は、こういった課題と向き合い解決するシステムであり、現在はそれをめぐるヘゲモニーの時間と空間とが交錯する時代なのである。

4　ポスト戦後体制と安倍政権

冷戦終了後、日本の政治は、前述の課題をいかにして解決しようとしてきただろうか。一九八九年一月に昭和天皇が死去し、六月に中国で天安門事件が発生し、九月に日米構造協議が開始され、一一月にベルリンの壁が崩壊、同月総評が解散、一二月に米ソ首脳による冷戦終結宣言がなされたこの年が一つの出発点になろう。翌九〇年にはバブル経済が崩壊を始め、九一年一二月には「従軍慰安婦」たちが東京地裁に訴えをおこす。そして、九〇年から始まったイラク戦争との関連もあって、九二年にＰＫＯ協力法が成立する。

そして九三年八月に非自民党連立の細川護熙内閣が成立する。八九年から九三年の間、冷戦崩壊、日米構造協議、日本のバブル経済崩壊、封印してきた戦争責任、植民地責任の顕在化、ＰＫ

O法などの日本国憲法の解釈改正、自民党一党優位体制の崩壊とまさに内外体制を支えていた諸要素が一斉に全体的に変化したのである。

こうした変化に対応する政治の動きもあった。細川内閣は一党優位体制を支えていた中選挙区制を廃止し、小選挙区制を導入したり、太平洋戦争を「侵略戦争」と述べ、社会党委員長村山富市を首相とする自民党社会党連立内閣（九四年）はアジア諸国にたいして戦後五〇年の節目に謝罪を含めた「村山談話」（九五年八月）を発表した。経済的には、橋本龍太郎自民党等連立政権（九六年）における消費税率五％引き上げ（九七年四月）や行財政改革があった。これらの政策は、顕在化したアジア諸国への戦争責任、低成長下の財政難など前述の戦後体制崩壊後の課題へのソフトな対応であった。その政治主体も、五五年体制の最も有力な担い手であった田中角栄―竹下派であり旧社会党であった。かれらは、戦後体制を基盤にしながら、戦後体制を越えようとしていたといってよい。[*10]

しかし、二〇〇一年四月に成立した小泉純一郎内閣は、それらと質的に異なった越え方を行う。同政権は、戦後体制の「大きな政府の解体」、その下での「不良債権の処理」、労働法制の自由化などを推し進めるために「既得権のシステム」の破壊と再編に入った。日米構造協議を体現したこれらの「改革」は、まさに脱戦後体制への「ハードランディング」であった。[*11]

この小泉政権の新自由主義政策は、中小企業、農家、商店といった自民党の旧来の支持基盤を「ぶちこわし」[*12]、さらに労働の自由化などによって、地域間格差、階層間格差を激しく拡大した。

このような格差を是正すべく議席を伸ばしてきた民主党は、「国民の生活が第一」として、年金全額支給、子ども手当、農家戸別所得補償を柱に雇用を守り、格差を正すという社会保障・社会福祉重視の政策を主張した。さらに、環境で世界をリードするなど主体的な外交の確立を主張し、それらの財源は、行政のムダをなくせば可能であると提起した。[*13]

かくして二〇〇九年九月から二〇一二年一二月までの三年間、民主党・社民党を中心とした連立政権が成立し、右の公約を実行していった。上記の「公約」はいうまでもなく田中派―竹下派的でも小泉内閣的でもない戦後体制の越え方の萌芽を有していた。しかし、対米関係の行き詰まり、「行政のムダ」をなくすことによる財源が捻出できなかったこと等々により、スムースには展開しなかった。しかし、この転換は、まだ経験したことのない新しい歴史的事態であり、メディア、政治、国民などがそのような認識をもって対応すれば、もう少し創造的展開がありえたのだろう。[*14] だが結局そうはならず、二〇一二年に野田佳彦内閣が倒れ、同年一二月自民党・公明党連立の第二次安倍内閣が成立した。

第二次安倍政権は、小泉政権の新自由主義政策への反発によって成立した民主党政権にたいして反発した人びとを支持者としていた。民主党の政策は、対米自立とアジアにおける共同性の拡大、福祉国家の再編・拡張、そして日本国憲法を前提としている側面があった。

それとは対象的に、安倍政権は対アジア、とくに中国に対する軍事も含めた対応と日米関係の修復・強化、そのための集団的自衛権をめぐる日本国憲法の〝(解釈)改憲〟、武器輸出三原則の緩和、新自由主義とケインズ主義を併用した経済政策などを行っている。安倍政権が右のごとき政策を行っても、あるいは行うがゆえに支持されるのは、先にみた経世会型、小泉型、民主党型から生じた、あるいは残された課題の解決を図っているからである。

安倍政権が「小選挙区制で低投票率のなか有権者の二〇%強しか得票していないのに衆・参両院で多数を占めている」とか「個々の政策では反対も世論調査では多い、したがって安倍政権の政策決定は正当ではない」などの意見もある。しかし、公正な選挙で投票に行かないのは、この選挙の結果多数派になる勢力の黙認というはっきりした意思表示であり〝権利行使〟の結果である。

安倍政権が課題を「解決」しているから人々に支持されるのだとしたら、その根拠を示さねばならない。この点を、日本近現代史における転換期の人々の意識を探る作業から考えてみよう。そのうえで、残された今後の課題を明らかにしなければならない。それは同時に、安倍政権の標榜するシステムとは異なるオルタナティヴを考えるとき何が必要かを明らかにする手がかりにもなるであろう。

5　体制の転換期における格差とその克服の歴史的な類似性と差異

先述のとおり、日米安保体制、五五年体制、日本国憲法体制、民需中心の日本的経営体制、福祉も含めた企業社会体制などによって構成された戦後体制は、冷戦崩壊などによってゆらぎはじめた。この事態は、アジアのことは考えず、アメリカに依存し、国際的な責任を持たず、戦争にも行かずに済み、年功序列・終身雇用で安定した生活ができる状態の終焉を意味する。つまり外交関係、経済成長主義、原発も含むエネルギー政策、地域政策などあらゆる領域で、当事者性が許されない、あるいは当事者性を持たなくてもよいというその二つが巧妙に組み合わされた戦後体制がゆらぎ、いずれもが許されなくなったことを意味する。[*15]

小泉や安倍の政策にみられる、経済における新自由主義政策や〝新ケインズ主義政策〟、安全保障政策、外交政策は、ポスト戦後体制への一つの回答である。それらの支持者は、「戦後は自分にとって幸福でも立派でもない[*16]」と感じる膨大な人々であると考えられる。それは戦後体制のゆらぎにより「日本人」「男性」「健常者」「正社員」と自ら考える人々の既得権の被剥奪意識とも関わる。

そうした人々は、自分たちは戦後体制の被害者であり、したがって戦後体制の受益者あるいは既得権者を「加害者」として激しく攻撃する。極端な場合であるが、かれらは、「大手メディア、公務員、労働組合、グローバル展開する大企業、その他左翼全般、外国人」などが「情報を独占し、安定した職を独占し、誰かに守られ、そして発言する回路を持っている」と考える。しかも、「弱者の味方ヅラをしながら自分たちの居心地の良い場所を独占し続けている、……偽善者であり、略奪者だ」と思いこみはじめる。さらにかれらは領土も雇用も福祉も「奪われた」と感じる。このように「奪われた」と感じる者や、人生とか仕事とか勉強とか人間関係とかに「うまくいかない人たち」にとっては、「本来」の「受け皿として機能してきたのは左翼の側だった」。しかし、「平和を守れ、人権を守れ、憲法を守れ、我々の仕事を守れ」と叫ぶ「現在の左翼は「守り」一辺倒の運動だ」、人々は「それらをすべて疑い、「ブチ壊せ」と訴える新興の保守勢力」の側についてしまうといわれている。[*17]

第3～4節でふれたように、一九二〇年代の自由主義体制から四〇年代の戦時体制への移行期における人々の社会的意識と、上記の事態とは、多くの共通性をもっている。政党政治体制の形成期、原敬内閣時に安田善次郎や原敬を暗殺した犯人は、本来天皇の下同質な国民として平等に扱われるべきなのにとして、夥しく格差を生み出す政治と社会による被剥奪意識を有していた。かれらは少数の「志士的」意識であったが、[*18]格差に怒りを持つ人びとが大恐慌を前後してより大衆的になっていったことは、第3節で述べたとおりである。両時代には共通性だけでなく、差異もある。先に、二〇～三〇年代の格差是正の動きが戦時体制へのエネルギーになったと述べたが、その発端は、労働者、農民、女性、中小企業の人々の社会的利害の実現のための政治的ルートが治安維持法などによって塞がれたこと、左翼も激しく抑圧されていたことに起因している。

ところが現在はそうではない。弾圧の激しかった時代は、抑圧をはねのける運動をするだけで精一杯であった。しかし現代では、もちろん多少の抑圧はあるものの、当時に比べてはるかに程度の高い自由を享受している。そう考えるならば、ただたんに現政権を批判して守勢に回るというのではなく、ポスト戦後体制における未解明の課題を解くべく紡がれる、オルタナティヴなシステムを創造しなければ打開できない深く新しい思想の問題が提起されていると思われる。

さて上記の「奪われた」と感じる攻撃的な被害者意識は、民主党に政権を奪われ、中国に経済大国の地位を奪われた等々の安倍の意識につながり、そのために、日本の誇りを失わせた戦後レジームを壊すと述べる安倍首相の政策と共振する。先に、安倍は天皇制自由主義体制に戻したいようだと述べたが、歴史的事実としては、その体制を壊して戦時体制に移行させたのは、三〇～

四〇年代の、当初は現実の格差と不平等を克服したいと願う人々のエネルギーであった。戦後体制がゆらぎ、ポスト戦後体制へと移行する時期に成立した安倍政権は、その時代の人々のエネルギーと類似した、現在の人々の体制変革への願望を基盤にしているという特徴がある。

さらに、このような転換期に生きる人々の意識と実態を歴史的に探ってみよう。戦後体制とその成果である経済の高度成長は、さまざまな課題を達成した。それは階層間、地域間の格差是正—平等化、平準化をおし進めた。日本全国〝一億総中流化〟はその象徴である。もう少しさかのぼれば、第二次大戦期における戦時体制—総力戦体制による強制的平準化・平等化がその歴史的前提となっている。[*19]この、戦時体制と戦後体制による二段構えの平等化は、ポスト戦後体制においてどのような意味をもつのだろうか。その背定的側面は、別稿においていくつかの地域での動きを紹介することで明らかにしたので、[*20]ここではそれと異なる側面からみてみよう。

〝一億総中流〟といえば中間層と関連する。歴史的には一九二九年の大恐慌などによって中間層が没落の危機に直面し、ファシズムを支持したと丸山眞男はじめ多くの論者が指摘する。戦後は、上記の二段構えの平準化が徹底されたこともあって、ミドルクラスとワーキングクラスの差異が自覚されずに中流意識が育ち、たとえば両階級とも同じマンガを読み同じテレビ番組をみる状態が生まれる。だから日本では、ワーキングクラスの子弟まで、没落の危機に煽られやすいともいわれる。[*21]

もちろん、だからまた必ずファシズムが再来するわけではない。ただ、必ず変化する経済状態への対応を見誤ると、どうなるか予断を許さない。とくに高度成長は永遠に続くわけではないのだから、それが止まったときの対応として、人びとの分断を生じさせず、排外主義や軍事的態度を強化しないようなあり方をどう考えるかが重要になってこよう。

日露戦後も、第一次大戦のあとにも、体制の変化のなかで人々は分裂し、排外主義やナショナリスティックな対応を支持した。たとえば日露講和騒擾のごとく、それは民衆の政治参加という民主主義そのものであり、同時に排外主義そのものを体した動きであった。[*22]

しかしそれは、メガトレンドとしては、民衆の生活の問題を、条約締結やその交渉の仕方など内外政治への参加の拡大として、つまり民主主義の深化、拡大の過程の一つのあり方とみることができる。

二一世紀の日本においては、上記のごとき破壊的で排外主義な意識をもって、多くの人々がネットなどを通して行動している。しかし、これについても、メガトレンドとしてみれば、今世紀において、これまでの歴史ではありえなかったこと、つまり自らの考えや希望や不満を表明する手段をもてなかった膨大な人々が、ポスト戦後体制をどうするかについてインターネットという手段を使って表現している事態は、まさしく民主主義の深化・拡大を示すものといってよい。しかも、日露講和騒擾のときは、民衆は藩閥勢力を「国家の私物化」と批難したが、今世紀には上述のように〝社会の私物化〟ともいうべき事態を認識するメタ的視点も有している。それに加え、自由にかんする制度や福祉の制度なども底上げされているので、格差といっても二〇年代と質・量ともに異なっている。これらの点は、次節で述べる残された課題を、安倍政権的でない仕方で解くうえでの、豊かな歴史的条件といってよいであろう。

むすびにかえて

以上をふまえたうえで、〝安倍政権問題〟を改めて考えると、まだ解明されていない課題があることがわかる。すなわち、⑴第二次世界大戦、高度成長を経てこれまでとは歴史的に異なる社会格差を、これまでの経済成長以外のどんな方法によって克服するのか。⑵アメリカに頼らず、非軍事的な方法によって、たとえば最近の中国の〝力ずく〟のあり方などへの対処も含むアジアとの現実的共生をどう築いてゆくのか。⑶経済成長もなく人口も増えないなかで、地域の自立をいかに成し遂げてゆくのか、といった課題がそれである。

以上の課題は、長期的で根底的な課題であり、歴史的な体制転換をなすうえで避けて通れないものである。たとえば、成長主義をやめるというと、多くのところでそれは恵まれた既得権者がいうことだといわれ、大衆的には支持されない事態をふまえて考えなければならない[*23]。また、国際的にみれば、安倍政権も含めた動きはグローバルな「帝国化」と新自由主義経済とナショナリズム、「成長」への復帰が標傍されている（表1）。

オルタナティブとしては、アジアにおける安全共同体、民需中心の成長を前提としない非営利・非政府の協同主義経済と市場経済の組み合わせ、日本国憲法体制の維持、リスクシェアなどが考えられる。

もちろん、中期的には安倍政権などによって推進される脱戦後体制への移行は、まだ多数存在する戦後体制を守ろうとする多様な勢力との均衡を通して、そしてまだ存在する日本国憲法の制度を前提として行わざるを得ないので、一挙に進行するわけではない。その過程を有意義にするためにもミドルレベル・ミドルレンジの具体的提案・対案を出す必要があるのは、先に強調したとおりである[*24]。

近代日本の歴史では、残念ながら、体制転換にともなう民主主義の拡大は国内外における分断と排外主義と結びつき、いずれも次の戦時体制に移行した[*25]。そうした歴史をくり返さないためには、上述のラディカルで長期的な課題を、時間をかけて検討・解明しなければならない。その契機が底上げされた「格差」、インターネットなどの多様な回路、既存の区分けを越えた多様な連合などの歴史的現実のなかにあることは、本書第1、第2、第3章で述べてきたとおりである。

注

＊1　二〇〇七年一六六国会における内閣総理大臣安倍晋三の「衆議院議員逢坂誠二君提出経済財政改革の基本方針二〇〇七に関する質問に対する答弁書」。

＊2　「慰安婦も靖国も『朝日新聞』だ」『諸君』二〇〇六年三月号。

＊3　「内閣総理大臣安倍晋三緊急インタビュー」『中央公論』二〇一三年七月号、一六〜二五頁。

＊4　雨宮昭一「基調報告」シンポジウム「大都市近郊地域の今後と女性」二〇一三年一一月九日『地域総合研究』第七号、獨協大学地域総合研究所、二〇一四年、九頁（本書第3章補注に収録）。

＊5　雨宮昭一『戦時戦後体制論』岩波書店、一九九五年、七頁。

＊6　雨宮昭一『占領と改革』岩波書店、二〇〇八年、四頁。なお、自由主義派、反動派、社会国民主義派、国防国家派の四潮流については同五頁参照。

＊7　雨宮昭一「第七章占領改革は日本を変えたのか」『日本の近現代史をどう見るか』岩波書店、二〇一〇年、一七〇頁。

＊8　雨宮昭一『戦後の越え方――歴史、地域、政治、思考』日本経済評論社、二〇一三年、第三章。

＊9　雨宮前掲『戦後の越え方』序章。

＊10　このような戦後体制の越え方を自民党が行えた最近のチャンスは森内閣のとき次期総裁の確実な候補者とみなされていた加藤紘一元同幹事長の政権だったといえよう。しかし周知のごとく「加藤の乱」で潰えそしてそれもあって後述するように全く異なる小泉政権が誕生する。

＊11　野中広務『老兵は死なず――野中広務全回顧録』文藝春秋、二〇〇三年、二四〇頁。

＊12　野中前掲、二四〇頁。

＊13　民主党『民主党政権公約 manifesto』二〇〇七年七月九日、一〜二三頁。

＊14　雨宮の発言、福永文雄・河野康子編『戦後とは何か』下、丸善出版、二〇一四年、二三八〜二四〇頁。雨宮「所長雑感」「地域総合研究」二〇一一年、二〇二頁。そこでは「保守対革新」、「大きな政府と弱い地域」、与党と野党などの軸自体がゆらいでいる未知の新しい事態とそれへの対応に言及している（補注――なお、私の接触する範囲である階層や年代の人々からのヒアリングならびに私の考察から民主党政権は、国民に、政治や国家はナショナルミニマムとセーフティーネットを保障することを自明にするという考えを持たせる役割を果したと考えられる）。

＊15　雨宮前掲『戦後の越え方』二三八頁。これとの関係で分析者は「社会の私物化」の自覚と対象の主観的な独立変数化を行わないことの自覚が必要である。

＊16　雨宮前掲『占領と改革』一九三頁。

＊17　安田浩一『ネットと愛国――在特会の闇を追いかけて』講談社、二〇一二年、三四五〜三四七頁。もちろん安田のこの記述はリアルではある。しかし、客観的に言えば戦後システムがゆらいだことによって従来の保守革新、右翼左翼などのあり方がゆらいでしまっていること、それをふまえて新しい軸や定義、実践を考えるべき事態となっていることを現していると思われる。なお、インターネットについては前述の表現の手段の民主化という側面と同時に、軸や基準やアーキテクチャーをつくりあう場、さらにこれまで

と異なる相互扶助の場も含めた回路と場を提供していると思われる（『戦後の越え方』序章、第七章）。
＊18　雨宮昭一「原敬暗殺事件」『日本政治裁判史録　大正』我妻栄編、第一法規出版、一九六九年。
＊19　雨宮昭一『総力戦体制と地域自治』青木書店、一九九九年、第三部。
＊20　雨宮前掲『戦時戦後体制論』三六四頁、同『戦後の越え方』第四章。
＊21　笠井潔の言葉。笠井潔・白井聡『劣化する日本』ちくま新書、二〇一四年、一四二頁。
＊22　雨宮前掲『戦後の越え方』第一章、第二章。
＊23　雨宮前掲『戦後の越え方』第二章第二節。筆者の五冊の単著も含む仕事は、前述⑴⑵⑶の課題へのまずしい応答過程の産物である。
＊24　雨宮前掲『戦時戦後体制論』『戦後の越え方』。表1での脱戦後体制Ⅲは読者がうめてほしい。同表の下段の欄は、放っておけばそうなるⅠと、オルタナティブⅡを転換期の自分のファミリー、地域、職場に即して読者が書いてほしい、とこれまで述べてきたが、本稿も例外ではない。
＊25　雨宮前掲『戦後の越え方』第一章、第二章。

第5章　戦後の超え方＝越え方に関わる学問的方法

1　総力戦体制論と戦時法研究の射程と「時限性」の更新

本論が直接対象とする作品は、小石川裕介と松本尚子、岡崎まゆみの論文である。*

*本節の元論文がこれらの論文を収録した論集に収録されたものであることから、このような表現になっている。ご了解いただきたい（雨宮）。

まず本論の主題の一つである「総力戦体制論」の内容と評価については、小石川が正確に述べている。小石川は、歴史学界でも「総力戦体制論」に批判的な研究者も、その論がポストモダニズムの側面に注目したこと（高岡裕之）、それまでの講座派・労農派の対立とは全く位相を異にするもの（森武麿）との指摘を紹介している。その上で小石川は重要な二点を提起している。

一つは、法史学はその「総力戦体制論」に直接的に関わらなかったこと、それは森武麿が前述したように法史学は「従来の「戦前」「戦後」の連続・断続説という段階に留まったままであること」の指摘である。もう一つは「総力戦体制論」は「現在（現代）」を説明するための一連の歴史学的方法であったが、その時代状況の変化によって、方法における「現在（現代）」の「認識は、ある種の時限性を有する」との指摘である。

この「時限性」については、歴史学や社会科学分野で二つの動きがある。一つは「総力戦体制論」以前への〝先祖返り〟とも言うべき傾向である。もう一つは〝時限性〟の結果をふまえて自覚的に「総力戦体制論」を歴史的に位置づける、すなわち「総力戦体制論」の持つ意味と位置を正確に解明しそれによって出現した新たな課題や方法を提起する動きである。[*1] もう一つの小石川が指摘したように「総力戦体制論」にはじめからかかわらず今から知ろうとする場合はそれ自体とそれをめぐるすでになされた論争、たとえば「民主的」近代がナチズムや「軍国主義」やニューディールを生み出し、ナチズムとニューディールの種差は総力戦体制の下位システム、などの論点もふくめて、小石川も紹介している既に出版されている「総力戦体制論」の文献を読んでいただき、[*2] さらに「総力戦体制論」への新しい対応についてもそれに関連する文献を読んでいただきたい。[*3] それをしないとまた戦時体制や戦時法の単純な基準によるスタチックな腑分けに終わるからである。

ここでは上記先祖返り、歴史的位置づけ、はじめから関わらなかったという三つと異なるケースとして、法史学が総力戦体制論と遭遇した中で、意図せず新しく出現した法史学にも総力戦体制論にもクリエイティブな論点を取り上げたい。松本論文は戦時法と「現代法」の関係を六〇年代から検討する。六〇年代、日本では現代法は国家独占資本主義段階の法＝現代法としていた。村上淳一によれば、ドイツでは法治国家・私的自治・介入主義などを内容とする「近代法」が七〇年代半ば以降、ハーバーマス（J. Habermas）のコミュニケーション理論とルーマン（N. Luhmann）のシステム理論によって新しい事態にはいる。村上はその二者を踏まえて、介入的国家規制から、諸団体の内部規律への変化があり、それらがピラミッドモデルからネットワークモデルへのパラダイムの転換であること、それをふまえて松本は七〇年代以降は「体制変化はない時代」に入ったと述べる。

ここでは「近代法」に「古典的」法と「社会国家的」法を含ませ、「ポストモダンの法＝現代法」は七〇年代以降の法現象であること、七〇年代以降の法現象を解明できるのはトイブナー（G. Teubner）など「近代的」発想を乗り越えた「一九八〇年代の理論」であること、「戦時法＝現代法」の背景は国家の肥大化であり、ポストモダンの法理論は「非国家主体」の役割とそのネットワーク化を対象とする。したがって「一連のポストモダンの現代法論を一九三〇～四〇年代の戦時法に結びつけることに無理がある。たとえば山之内靖が総力戦体制論を提唱するにさいしルーマンのシステム理論に（も）依拠することに疑問をかんじる」。なぜなら村上の言うごとく、ルーマンのシステム論は国家と経済との関係について、「社会の機能的分化を進化論的に認定し社会的サブシステムの機能的自律を分析的に想定する限りで、ネオリベラリズムの社会的翻訳」だからである。「国家は経済を規制できない」（ルーマン）。よって松本は「ポストモダン法論を戦時法研究から論じる意義は、六〇年代の「旧」現代法概念の相対化にある」と結ぶ。

現代と総力戦体制論とその「時限性」と、戦時法と「現代法」の「時限性」は直接比較さるべきでなく、両者を区別した上で整理して、法にとって総力戦体制はいかなる射程を持つか、の検討が生産的だと思われる。松本は「旧現代法」は国独資に対応し、七〇年代以降のシステム化された社会に対応するのが〝新現代法〟であり、システム社会になったことによって戦時期のように体制の連続・断絶を考える必要がなくなった、と述べた。

しかし総力戦体制論者は、総力戦体制は社会をモダン社会からポストモダン社会に移行させ、そのポストモダン社会はシステム社会であると述べている。[*4] そこでは近代に自明であった国家と社会と家族の境界を融解させる。それは資本が社会の諸モメントを包括的に掌握するプロセスであり、[*5]フーコー（M. Foucault）における監視の内面化、パーソンズ（T. Parsons）における価値の内面化、ルーマンにおける機能連関で説明できること、またポイカート（D. Peukert）などの戦時中における自己運動する社会的生産システム、大河内一男の「自己再帰性を持った労働力[*6]」の形成という指摘に見られるように自己組織性、自己再帰性としてのシステム形成があったことが述べられている。少し感覚的にいうと山之内靖も私も総力戦体制論の内容をそれぞれ考えたのは七〇年代の変化を見てトイプナーが〝近代的発想を乗り越えた〟といわれる同じ一九八〇年代であり、[*7]感覚的にも同時性と共通性を強く感ずる。

以上の松本と総力戦体制論との〝対話〟によってたくさんの興味深い論点が浮上してくる。まず、村上淳一の〝家長近代主義〟の基盤を総力戦体制が〝現代化〟したのではないかということである。システム社会としての総力戦体制が新自由主義システムの契機をすでに有しているとすると、新自由主義システムにも総力戦体制にも新しい側面が見えてくるかもしれない。たとえばポイカートによるワイマール期の「良い社会」への「技術者の夢」が二九年恐慌で挫折し、それが「無用なものの排除」に至る「強烈な社会管理論」になったとの指摘もある。[*8]この「無用な者の排除」はナチスによって実行されたが、新自由主義は〝自由競争〟〝自己責任〟という〝システム〟でそれを〝発展・展開〟したのではないか。私は「二つのグライヒシャルトゥング（戦時と一九五〇年代後半）によって自立性を解体された人間と社会における「無用な者」を選別、排除、構成するような「合理化」「効率化」などを全体として体制化した起源は戦時にあることは自明であろう」と述べたことがある。[*9] 少し敷衍すると、総力戦体制と新自由主義のシステムを架橋するためには戦時における第一のグライヒシャルトゥング、五〇年代後半における第二のグライヒシャルトゥング、七〇年代に始まり八九年前後にあらわれた新自由主義への実行を第三のグライヒシャルトゥングとして、その三つの関連を明らかにすることは生産的だと思われる。それに関する各段階の法の解明は専門研究者に委ねられる。

もう一つの論点は、松本がいうように七〇年代に形成されたシステムは連続・断絶を考えなくてもいいのか、である。この点については自己再帰性という対象および認識方法自体を不動の前提とするのではなく、それ自体が歴史的なものであり変化するものとして検討の対象にする、すなわち歴史化されなければならない。もう一つは新自由主義のもつ格差などの現実的社会的問題性への対応である。この二つを考えるためには歴史的展開が螺旋的にすすむとすれば高次の視点からであるが、始点の戦時期にもその要素が存在するかもしれないだろう。それと関連する戦時法の再検討、再定義は専門研究者に委ねられる。

最後に筆者の能力をこえた分野である植民地法について一言ふれる。岡崎が述べるように植民地でも本国と植民地の人間の関係はバーゲニング関係であろう。問題は、植民地知や学知の具体的内容と各担い手の納得の仕方であろう。たとえば、我妻栄は中国の「満州国」の民法典作成に関わり、「傀儡政権」下の北京大学法学院で一九四一年から四三年に民法の講義を行い、一九四七年にはその講義内容を出版している。さらに日本国憲法の生存権を三木清の協同主義と関連する「協同体国家論」で位置づけている。[*10] 我妻の上記各場で展開した内容は戦時も戦後もまさに〝連続〟していると思われるが、それは旧い前近代法なのか、近代法なのか、それとも〝近代の超克〟の現代法なのか。そのいずれでもないのか。いずれにしてもそれはまぎれもなく植民地知として植民地の人々の内面的〝納得〟〝恩恵〟を通じての必ずしも両者とくに本国の法学者に自覚されない支配関係としていかに展開していったのか。それは日本占領のサクセスストーリーの展開とも共通するだろう。

以上から言えることは、総力戦体制と新自由主義システムとの関連、一九七〇～八〇年代論とその認識のしかたなど、総力戦体制論の「時限性」の時間的経過のみを根拠とするのではない更新が具体的になされたと思われる。それもふまえると、戦時法の研究は一層エキサイティングになろう。

注

＊1　先祖帰りと言ってももちろん単なるそれではなく、総力戦体制論をくぐったあとのそれである。上記歴史的位置づけとベクトルは異なるが総力戦体制論に対する意味ある批判もある。それらではおおくは不十分さを指摘している。理論は抽象＝捨象で構成されるから捨象したことを指摘されることは宿命ではある。その批判のいくつかを検討しよう。政治学者の中北浩爾は第一に戦時と戦後は「直結」できない、第二にニューディールとファシズムは同一視できない、第三は筆者の〝占領がなくても戦後改革はいずれ行われる〟との指摘に対して国際関係の変化を考えない「一国史的」であると批判する（中北浩爾「占領と戦後改革」『岩波講座日本歴史（一八）』岩波書店、二〇一五年、二九八頁）。第一については「直結」ではなく私の戦時体制＝システムから戦後体制＝システムへの移行の分析がある。第二は、両者はシステム社会化・現代化という共通性の下での異なった形態である。つまり違いはそのレベルにあることは述べてきた通りである。第三は国際関係は敗戦によって「戦勝国体制」に変化したこと（雨宮昭一『占領と改革』岩波書店、二〇〇八年、ⅳ頁）、その変化が改革を「強制した」こと（同前一九〇頁）、つまり占領があってもなくても覇権国でなくなった国家＝戦勝国体制下では改革は拒否できないのである（雨宮昭一「占領は日本を変えたのか」『日本の近現代史をどう見るか』岩波書店、二〇一〇年、一七〇頁）。

他に私の総力戦体制による「社会的格差の是正」という主張に対して、坂野潤治は「昭和デモクラシー論」（社会的格差の是正）から知識人の言説を使って批判している（坂野潤治『〈階級〉の日本近代史』講談社、二〇一四年、一七四頁）。総力戦体制が昭和デモクラシーの機能を果たしたか否かも含めて生産的な対話の場が作られた。さらに高岡裕之は戦後の「過剰人口」と戦時の社会国家的制度のＧＨＱによる解体を根拠に、「現代化」および総力戦体制と占領軍との改革における同一性を批判している（高岡裕之『総力戦体制と「福祉国家」』岩波書店、二〇一一年、二八四・三〇五頁）。前者については負けたことによって、海外からの帰国者も含め第二次産業や第三次産業が吸収出来ず農村にいるしかなかったのであって、仮りに勝っていた場合は米、英、仏などのように帰国者は少なく、かつ工業に、ご存知の通り軍需を中心に人口が吸収されたはずであろう。

だから現象的には農村に「過剰人口」が存在したが、戦時のシステムが存在していたが故に敗戦直後の「軍民転換」時には企業の「過剰雇用」や職業安定所など戦時につくられた組織による失業救済、さらにはその後のきわめてスムースな人口移動が可能になったのではないか（雨宮昭一『戦時戦後体制論』岩波書店、一九九七年、第七章、中国基層史研究会編『ワークショップ 中国基層史研究における比較史的視座』汲古書院、二〇一二年、六四～六七頁）。つまり、戦前とは質が異なる「過剰人口」であり、敗戦を媒介とする帰国者を含む「過剰人口」と戦時のシステムとの歴史的なズレとその展開こそが重要であろう。後者については福祉や衛生の諸制度が占領下でそのまま存続することは考えられず、占領側による取捨選択があったことは自明だろう。その選択は筆者のいう四つの潮流の時々の内外のコンステレーションによって決まるであろう。その上で長期中期での方向性の確認だろう（たとえば国民健康保険の日米比較などを通して）。

以上のように総力戦体制論に対する諸批判は戦時戦後研究に新しい論点を提出している。本稿での松本論文との対話とそこからの新しい論点はその創造性の豊かな発展を示している。

その点では、例えば、自覚的に総力戦体制論の歴史的位置づけを行っている、「年報日本現代史」編集委員会編『戦後システムの転形（年報日本現代史二〇号）』（現代史料出版、二〇一五年）における諸論文や米山忠寛『昭和立憲制の再建 一九三二―一九四五年』（千倉書房、二〇一五年）などがあり、それぞれ新しい課題や方法と歴史像を提起している。

また、この点は源川真希『総力戦のなかの日本政治』（吉川弘文館、二〇一七年）も共通している。源川は、四～八・九六・二一八～二二〇頁などで、当時の知識人たちの構想や政策も戦争に還元できない側面があるなどの鋭く新しい指摘もしている。
＊2　特に山之内靖『総力戦体制』ちくま学芸文庫、二〇一五年、など。
＊3　上記の論争、たとえば「雨宮・森論争」については「年報日本現代史」編集委員会編『総力戦・ファシズムと現代史（年報日本現代史　三号）』現代史料出版、一九九八年、同『アジアの激変と戦後日本（年報日本現代史　四号）』現代史料出版、一九九九年、雨宮昭一『総力戦体制と地域自治』青木書店、一九九九年、三二四頁。
＊4　山之内前掲注＊2、二四八頁。
＊5　山之内前掲注＊2、五九頁。
＊6　山之内前掲注＊2、一九一頁。
＊7　「戦時体制の意味を問い直す」研究が経済の領域では山之内など、一九八〇年代初頭には政治学の領域では、雨宮などにあったことを山之内自身が語っている（山之内前掲注＊2、四一二～四一三頁）。
＊8　山之内前掲注＊2、四三七頁。
＊9　雨宮昭一『総力戦体制と地域自治』青木書店、一九九九年、三二四頁。
＊10　雨宮昭一『戦後の越え方――歴史・地域・政治・思考』日本経済評論社、二〇一三年、二二〇頁。この本に関する相当に正確で新しい論点を提示している書評（河西英通『歴史評論』七八〇号、二〇一五年、一〇五～一〇九頁）がある。

2　政治学・歴史学の戦後、現代、現在

問題の見取り図と三・一一以降の問題

本論のテーマは「政治学・歴史学の戦後、現代、現在」ですが、これは戦後政治学、戦後歴史学、現代政治学、現代歴史学、現在政治学、現在歴史学というふうに大きい見取り図を提示したいということです。中身としては、対立軸とか分析軸の問題、あるいは現実の担い手とか主体をどう考えるか、それから体制の問題、システムの問題、さらに方向性、パラダイム、最後に立ち位置、説明能力、大体こんなことをめぐって、戦後政治学、戦後歴史学、現代政治学、現代歴史学、現在政治学、現在歴史学の問題を考えてみたいと思います。非常に大雑把な見取り図というか、雑駁な見取り図ですが、よろしくお願いします。

まずはじめに、歴史学と政治学、さらには政治史と政治学の共通の言語を考えるための対話や両者の接合、それから説明能力のつきあわせについて考えてみたい。つまり、理論というか抽象の問題とか、あるいは比較はどう可能かという問題です。それから実証の問題、たぶん説明能力に関わってきますが、そんなことをつきあわせてみたいと思います。

表4　戦後・現代歴史学，戦後·現代政治学の見取り図（軸，担い手，体制）

Ⅰ	**戦後歴史学** ・民主主義 vs 非民主主義，近代 vs 前近代 ・プロレタリアート＋その他 ・マルクス主義（講座派）＋近代主義（丸山眞男，川島武宜，大塚久夫）の連合 ・50 年代の主流，西欧に追いつき追い越す日本の悲願代弁（雨宮 1995 年，P.159）－高度成長で追い越す？ cf）現在の戦後歴史学（『史学雑誌』2011 年 5 月号，P.151）「戦後初期の丸山の課題」	Ⅰ'	**戦後政治学** ・戦後歴史学と共通部分が多い．ただし，丸山政治学主導 ・60 年安保まで民主主義革命戦略．以後抽象化（『思想』2011 年 8 月号，P.77） しかし，市民主義→連合，熟議デモクラシー（篠原一）など，さらに「レヴァイアサン」の包摂？
Ⅱ	**現代歴史学** ・民衆史，ポストモダン，構造主義，フーコー ・国民国家批判，語り方，周辺など	Ⅱ'	**現代政治学** ・多元主義 ・自由主義 vs 社会民主主義（大嶽秀夫） ・日本国憲法画期，国会と政党の優位（村松岐夫） ・“近代はここにあるじゃないか”

二番目は、三・一一以降の問題です。私の息子はアーティストなのですが、三・一一以降アートの世界で何が変わったかと問うと、リテラシーが二段階あがったと言うのですね。つまり、アートの問題でいえば、業界内ゲームでは駄目だと、アートをみる人や感じる人が言い始めたと言うのです。業界内ゲームは単純な二項対立で、それぞれの位置を同一平面で持ち合うということですから、業界内ゲームを相対化するという問題は、単純な二項対立をどう相対化するかということになります。例えば、政治か社会か、前衛か日常生活か、などです。これは後からお話しますが、二項対立の問題をどういうふうに相対化しながら次のステージを用意するか、ということが問題になるだろうと思います。

戦後歴史学、戦後政治学、現代歴史学、現代政治学（軸、担い手、体制）の見取り図

やや恣意的ですが、戦後歴史学、戦後政治学、現代歴史学、現代政治学と、そこから導き出された現在の課題とその解決の仕方という問題をどう考えるか、ということを考えてみたい（表4参照）。戦後歴史学は、中身としてはマルクス主義、とくに講座派と近代主義（丸山眞男さん、川島武宜さん、大塚久雄さんなど）との連合として存在しているというふうに考えてよろしいだろうと思います。対立軸みたいな設定の仕方でいうと、民主主義対非民主主義とか、近代対前近代というふうな軸の設定をされただろうし、それからその担い手はプロレタリアートプラス知識人とか小ブルジョワジーなどと設定されたと思います。

私は、マルクス主義と近代主義の連合としての戦後歴史学あるいは戦後政治学に対して、『戦時戦後体制論』（岩波書店、一九九七年）のなかで、五〇年代社会論[*1]というのを出していまして、そこでは五〇年代の主流はマルクス主義と近代主義であっただろうと述べています。主流というのは、単に非体制側の主流ではなくて、体制も含めた主流として存在しえたという意味です。具体的には、西欧に追いつき追いこせ、という日本の悲願をいわば代弁するものです。つまり、前近代的なものを克服して、西欧に追いつき追いこせという悲願をある意味では代弁することによって思想的な主流でもありえた、ということがあっただろうと思います。

ところが高度成長で西欧を追いこしてしまう。追いこすかどうかはともかくとして、前近代なんてなくなってしまうということになってくると、その後がどうなるか、という問題になってくるわけです。ちょっと皮肉を言うのですが、『史学雑誌』（二〇一一年五月号）の「歴史学の回顧と展望」の一五一頁、「日本近現代の総論」の筆者が、現在、戦後歴史学を担っている部分が、丸山眞男さんが戦後初期に丸山さんの研究課題として出したことを高度成長で追いこした後も、ほとんどそのまま敷衍している、ということを言っています。つまり、六〇年間ほとんど変らないままで存在してきている状況が一方ではある、という問題があります。さらに、歴史学者の成田龍一さんは言わなかったんですが、最初は前衛、それから統一戦線、人民闘争というふうな形でしばらく左派的に対応したんですけれども、そのあと展望を失って、マルクス主義プラス近代主義の状況をそのまま継続している側面が多い、ということがあるだろうと言っています。

「戦後政治学」という言葉があって、これも少し雑駁な議論ですが、戦後政治学と戦後歴史学とでは五〇年代、六〇年代は共通部分が多いと思います。ただ、マルクス主義が主導するというよりも丸山政治学（丸山さんに象徴される政治学）が主導している、ということがあるだろうと思います。この点についても、『思想』の二〇一一年八月号ですが、そこで成田さんがちょっと出しているのは、丸山さんは六〇年安保までは民主主義革命戦略を具体的に考えてた。しかし、以後非常に抽象化された形での主体性しか言わないようになった、という言い方をしています。これは、安丸良夫さんがそのように丸山さんを批判したというか、形容したというように書いています。

ただ、この戦後政治学が抽象化しておさまったかというと、そうではなくて、高畠通敏さんや松下圭一さんが市民主義という形で展開をしていって、その後、篠原一さんなどが、連合理論とか熟議デモクラシーといわれるような形で、戦後政治学を継続しながら展開しているという側面はあるだろうと思います。

それから、渡辺浩さんなどの動きも少し面白くて、丸山眞男さんに関して渡辺さんが、社会史的な形で批判をする、というような形での「親殺し」がありました。また、私は割合に東大法学部政治学研究会に出ていましたから、記憶に残っているんですが、ある助教授が退官する高名な指導教授だった方に対して、先生の時代はよかったと。つまり近代的理性で問題を説明できると。その視点でものを考えられたけれども、私たちはそういう理性の自明性が失われたところでどうするか、という問題をやらなきゃならないと言って、場が凍りついたことがあります。戦後政治学の継承の仕方としてちょっと象徴的だったのです。それからもう一つは、戦後政治学の問題で言うと、『レヴァイアサン』を包摂するといういかにも東大らしい動きがあります。

それが、戦後歴史学になってくるとどうなってくるかということですが、現代歴史学に関しては、民衆史、ポストモダンの議論、構造主義、ポスト構造主義の一つであるフーコー、国民国家批判、歴史の叙述の仕方、語り方などを成田さんが詳しく話をされました。それから主体でいうと周辺に注目するといったものが、広い意味での戦後歴史学とは違う、現代歴史学の中身だろうと思います。だからこの点では、現代歴史学には非常にポストモダン的な動きがあります。

現代政治学の場合はどうかという問題、現代政治学は何かという問題はよく分かりませんが、具体的にはレヴァイアサン・グループが戦後政治学を否定するというか批判するのを現代と言えば、現代政治学の担い手は当然レヴァイアサン・グループだろうと思います。大嶽秀夫さんや村松岐夫さんが話をされた中身ですが、多元主義の問題でありますし、軸としては自由主義対社会民主主義です。これも村松さんの議論でいうと、日本国憲法が画期で、国会と政党の優位があると。戦後政治学の辻清明さんはそこを肯定してないと。全体的体制は自由民主主義体制であると。

ここでは、大嶽さんは近代は「ここにあるじゃないか」、とこういう話だったわけです。戦後歴史学と戦後政治学は依然として前近代が非常に強いとしていますが、レヴァイアサンは、近代はここにあるじゃないか、立派な近代があるじゃないか、という話になるわけです。このときに、戦後政治学と現代政治学、レヴァイアサンと戦後政治学が激突した時期があるんです。私も「社会科学の現在――政治学の場合」、『未来』一九八六年一一月（雨宮『戦時戦後体制論』岩波書店、一九九七年所収）で、ちょっと介入しました。ここでは、政治学は非常に活況を呈していることをいい、とくにレヴァイアサンのことをはじめのパラグラフで次のように言っているわけです。

政治学の現実への「有用性」も現れ始める。この背景には、国際的影響力の増大した日本経済の政治的メカニズムへの内外からの注目や自覚、特に、自民党一党優位体制の長期継続により、そのメカニズムがようやく明白になってきたことなどがあろう。そして政党、企業、財界、官僚、農業団体、労働団体などによって構成される政策決定過程が、様々な形、「官僚主導モデル」とか「政・官・財の三位一体モデル」とか「多元主義モデル」とか「ネオ・コーポラティズム・モデル」とかいろんな形であって、それで多元主義についても、特定の集団（たとえば官僚）による権力の独占を拒否し、権力の諸集団間での多元的分散を重視することを意味する点で共通性をもちつつ、非常にたくさんの「多元主義」がある。

ここで「戯画的に乱立している」と言ったら、大嶽さんが大へん怒ったんですが、しかし面白いのは、「日本の政治学が「遅く来た行動論的革命」などと言われても、とにかく日本の現実の政治を細部にわたって「あるがままに」実証しようとしつつあるのは、くぐらなければならない一つの段階であり、画期的なことと言ってよい。そうすると、いままでの日本の政治学は何をやってきたかということになりかねない」という問題になってきて、いままでの政治学を大嶽さんは『ＵＰ』のなかで、「モデル対データであり、データ対データ、パターン対パターンの比較ではない」ということになり、「日本の特殊性の強調になってしまう」ということを言っているわけです。

ここでは、「規範と制度と実証」の問題性があって、この問題をどう考えるかということで論争があったわけです。「中曽根は非常にモダンなタイプの政治家で、元号や靖国問題で右寄りの路線に一定の歯止めをかけている」ということを大嶽さんが「政治学者としての評価」として言ったんです。それに対して、奥平康弘さんとか阿部斉さんとかが、「日本を戦前に戻そうとする危険な中曽根路線を容認するもの」であるという議論になって、さらに阿部さんは「政治学会の内部からも政治学の保守化」があると批判しました。そこでは、「日本の繁栄と社会の安定は日本の政治が卓越しているためと肯定的に評価し、その卓越を支える中心的存在が自由民主党であり、日本の政治の肯定的評価は、そのまま自由民主党の肯定的評価を意味する」、ということで、その点では「日本の政治に全面的に批判的態度をとってきた既成の政治学とは対照的である」と言っているわけです。

私は、当時「日本の歴史的現代における前近代的なものの存在を重視し、そこに日本の特殊性を求め、それを否定的・批判的に捉える流れと、日本は既に前近代を克服し、その意味で欧米とは共通性こそが多いとし、さらに「合理的」な日本政治の現状に対しては肯定的な流れである」と整理しました。ちょっと長くなりましたが、例えば、統帥権の独立は近代的であると私は書きましたが、私たちの世代は近代の存在はほとんど自明であった、という状況があったのです。ただ、近代・前近代の問題が克服されたというよりも、前近代を徹底的に動員する近代の問題、というように議論をすべきというのが私の議論でもあったわけです。それからもう一つは、日本の戦後の特殊性の問題をどう考えるかというように私は介入していった、という話です。

コンテンツの問題もありますけども、政治学と政治的な現実みたいなところで、距離のとり方をどう考えるかという問題は、もう一回きちんと議論しなければいけないのではないか、ということがあります。

「現在」の課題

以上をまとめてみると、超越的な議論の仕方をしますが、現在の問題では、日本の歴史的、理論的な現実のなかから説明能力をもって、比較の基準たりえて実証できる方法が抽出され外在化されなければならないというのが私の議論です。方法は外在化されないと、比較できないわけです。比較できないわけですから、外在化する必要があるということになります。

現代歴史学と現代政治学が非常に対照的なわけです。現代歴史学はポストモダンで、現代政治学は近代の発見というわけですから、位相は全然ずれるわけです。そこがまた非常に面白いわけですが、戦後歴史学、戦後政治学、現代歴史学、現代政治学のなかで、見渡して出てくる問題は、近代の後、ポストモダンをどう考えるかだと思います。それから戦後歴史学のなかで、先の『史学雑誌』じゃないんですけど、敗戦直後の問題、課題を依然として持続するというようなあり方は一体何なんだ、とかですね。現代政治学と現代歴史学の比較は非常に面白いわけで、ポストモダンとモダンという違いが出てくるんですが、ただ、共通しているのはどういうことかというと、グローバルななかでの積極的アクターとしての日本をプラスであれマイナスであれ評価するという点です。

現代政治学における近代の発見は半国民国家としての日本が非常に強くなったということの裏返しですが認識は同じなんです。レヴァイアサンは、戦後の日本が立派に高度成長して、国際的にも力を持ち始めたということを認めるということになります。大嶽さんの話では、自由主義と社会民主主義ではかるというようになりますが、それで済むのかという問題があります。そうすると、自由主義と社会民主主義という欧米からのモデルの適用では無理ではないか、ということを考えなければいけないのだろうと思います。

それからもう一つ、とくに現代政治学の場合に運動の問題が非常に弱い。大嶽秀夫・山口定論争がありましたが、あの論争のときに、中曽根は右傾化をチェックしているということを大嶽さんが書いているわけです。これに対して私はその発言には、元号問題とか靖国問題で右の路線にブレーキをかけているのは、中曽根よりも元号反対や靖国問題に対して反対する勢力の運動が決定的な意味をもっているということがほとんど視野に入らない、という問題があるのではないかと指摘しました。

一九六〇年代から七〇年代にI'（戦後政治学）からII'（現代政治学）への移行というか、I'からII'がでてきます（表4）。六〇年安保、六八年、七二年ぐらいなんです。詳しいことは省略しますし、詰めていませんが、大嶽・山口論争もそれをめぐってでした。

ここで全体のこの流れ、I'からII'の流れを考えると、前衛主義からミニマリズムという流れがあります。前衛主義からミニマリズムというのは、あまり聞きなれないと思うんですが、瑣末主義とか細部とかいう意味でのミニマルという意味です。日常生活はミニマリズムで使いますし、音楽史でも美術史でも前衛主義からミニマリズムへというのはよく使われている言葉です。政治史とか政治学をやっている人間は、文化的には全然センスがないのでピンとこないと思いますが、つまり、前衛主義は過去があって現在があって未来があるという直線的な時間感覚です。過去は現在の原因で、現在は未来の原因であるというような直線的な線形の時間認識をもちますが、ミニマリズムは非線形、つまり時間は反復して循環するという感覚です。日常性とか細部を代弁するという動きが、音楽とか美術のなかで出てきていて、同じようなことが、政治のなかでも六〇年代か七〇年代あたりに出てきて、それが理論のなかにも出てきたのではないかというように私はみています。

そのようにみると、非常に瑣末で小さいことを、しかも必ずしも発展的にみるのではない見方が十分にありうるわけです。こういうことで、戦後歴史学、現代歴史学、戦後政治学、現代政治学を通しての学問的な課題というか、提起されてきた学問的な課題を自分なりに整理するとどんなことになるかを考えました。ちょっとまとめてみると、同時に変化してきた日本社会、あるいは世界の「実践的」な課題でもあるということがみえる、ということになります。それを雑駁にまとめると、レーニン的な前衛が指導して社会を変革することを前提とするあり方ではなく、日常生活自体こそが意味をもっていて、世の中はそんなに大きく変わりはしないとする立場です。だから細部を問題にする、日常生活を問題にすることが大事であるとするのですが、これはいろいろなところで出てきた。

それから全体史か細部かという問題があって、全体史に対する断念みたいなことがいろいろなところで行われる。また、国家か社会かという問題があって、国家ではなくて社会であると、政治ではなくて社会であるとする立場が出てきます。これは社会史の問題です。さらに、モダンかポストモダンかの対立があるし、政党が強いか官僚が強いか、政党か官僚かという問題もあります。現代歴史学のなかで出てくる中心、これは抽象的な話ではなくて、中心部分か周辺部分かという問題や、これも抽象的ではなくて、中央か地方か、中央集権か地方分権かという問題があります。理論の問題でいうと、成田さんのときにお話したベタかメタか、つまり実証か理論かみたいな議論の仕方があります。また、丸山依存か反丸山か、戦後歴史学は丸山さんに依存しているのですが、現代歴史学はアンチ丸山ないし非丸山になっています。それをどう考えるかがあります。

前衛か日常生活かというのは、日常生活かリーダーシップかという問題にも関わってきますが、この問題はリーダーシップも日常生活もという両方を一緒につかまえるものとしてのシステム論とか体制論として形成される必要があると僕は考えます。

モダンかポストモダンかということでは、『総力戦体制と地域自治』(青木書店、一九九九年)の最後のところでちょっと書いたんですが、国家をどう評価するかという問題に関わっています。国家自体の機能を認める、しかしポストモダン的な状況はあるという点でいうと、立ち位置としてはポストモダンをふまえたモダニストとしてどうふるまうかということ以外にないであろうと述べています。

国家か社会かという問題、中心か周辺かという問題に関わってきます。成田さんが紹介してくれた『思想』二〇一一年八月号の討論会の小沢弘明さんの報告で面白かったのは、社会史で有名な喜安朗さんという歴史家についての報告です。彼はフォーディズムから排除された、あるいはフォーディズムに参加できない人間たちの自立性を描いたんです。しかしその後、フォーディズムにすべての労働者が包摂されることになったときにどう考えるかという問題です。ある意味、外部がないという問題になりますが、その問題をどう解くかは、「総力戦体制論」とか「四潮流理論」しかないのではないか、いや、それで解こうと、私はそう考えています。

ベタかメタかという問題は、ベタとメタをつなぐシステム論が非常に重要だし、ミドルレベル、ミドルレンジのところで問題をつかまえて、丸山のモデルの否定でもアンチでも依存でもなくて、それをどう発展させるかということが一つのポイントになるだろうと思います。

体制論、四潮流論、協同主義、政治社会史、総力戦体制をめぐって

以上が、大きくいえば、現在政治学、現在歴史学の課題とそのとっ掛かりであって、今度は具体的に私が課題をどう展開したのかをお話ししたいと思います。体制論、四潮流論、協同主義、政治社会史、総力戦体制などをめぐって、課題にどう対応したかを一〇〇パーセント答えようとは思っていませんが、お話しします。

(1)体制と構成要素とレベルとその変化

一つは体制論の問題です。ここには体制の構成要素のレベルとその変化の問題があります。これは、いまはなんどきなのか、いまは何なのかということに関係します。戦前、戦時、戦後と比較していまをどう考えるかということです。あるいは戦後、現代の問題をどう考えるかという問題でもあります。『ホブズボーム歴史論』(翻訳は原剛訳、ミネルヴァ書房、二〇〇一年)が僕は好きで、経済学や政治学は立派なんだけど、結局方向性がない、けれども歴史学はいろいろ言っても方向性をとにかく提起できるという見解には非常に説得力があります。それを踏まえて戦前、戦時、戦後の展開については、いままでのパラダイムを変えないといけないのではないか、と思っています。

第1章の表1をご覧ください。私はこれを講義で学生に配っているんです。これは、一八八〇年、一八九〇年、一九二〇年、一九四〇年、一九五〇年、現在です。サブシステムとは、要素のことで、国際体制、政治、経済、法、社会などです。地域というふうなものも要素として存在していて、その相互関係が体制、システムであるとするわけです。そう考えると、どうなるかという話です。

一九二〇年代とはどういう体制かというと、国際体制はヴェルサイユ―ワシントン体制です。

政治は政党政治と普通選挙で、経済は自由主義経済です。法的には治安維持法体制で、社会は自由主義にふさわしく格差を当然とする体制です。地域は、政党政治の発展も含めてかなり地方分権的になる。ヴェルサイユ—ワシントン体制、政党政治、自由主義経済、治安維持法体制、格差、地方分権は、全部相互に作用しています。相互に関連していて、それが自由主義体制というものを一応つくるという見方です。

それが、一九四〇年代の前半に戦時体制あるいは翼賛体制として転換します。国際システムは世界新秩序と東亜新秩序です。世界新秩序とは反ヴェルサイユ体制で、反ワシントン体制が東亜新秩序です。したがって、政治では、ワシントン体制と結合していた政党政治体制は破壊されて政治新体制になります。経済も、自由主義経済から経済新体制、つまり所有（株主）から経営（経営者）という統制経済になります。法的には国家総動員法が重要になってきます。社会は、格差と対照的ですが、平準化、平等化という方向に動きます。地域は中央集権的になります。平等化、平準化するときには中央集権を必要とすることがよくあります。

戦後体制はどうかというと、一九五〇年代はポツダム体制という戦勝国体制であり、サンフランシスコ体制は冷戦体制です。つまり、戦勝国体制と冷戦体制のシステムがあって、五五年体制はそれを受けた体制です。経済は憲法九条のお陰で民需中心の日本的経営が全面的に開花します。

法は日本国憲法で、日本国憲法とポツダム―サンフランシスコ体制は共存しています。社会は企業中心社会、地域は非常に中央集権的な状況になります。

七〇年代、八〇年代あたりで、ゆっくりとこの戦後体制が崩れていって、決定的になったのは冷戦体制の崩壊のときで、冷戦体制が前提となっていた五五年体制が変わります。民需中心の日本的経営も無理になって新自由主義になります。日本国憲法も自明性を失います。社会は企業中心の福祉も含めた社会ではなくて、市場全体主義という形になってきます。グローバリズムのなかで、日本の地域にお金を投資して、そこで雇用をつくって生産することが軽視されてきます。要するに、経済界も中央政府も地方の面倒をみないというのが地方分権と考えるわけです。

大体そんなようにいまのところなっていくのです。戦後体制の後どのように展望するかという問題は、誰かが決めるのではなくて、主権をもった国民一人ひとりが決めればいいんで、「パートⅡ（ポスト戦後体制）」は自分たちが決めろという話です。大体そんなことを体制論の問題として考えています。そうすると、これは後から話しますが、戦時体制と戦後体制の間の非常に多くの連続性も含めて考えてみたいと思います。

⑵主体―四潮流論の内容

主体の問題。これは私が四潮流論という形で書いています。これは、『占領と改革』（岩波書店、二〇〇八年）でまとめたものです表3（第2章六三頁）をごらん下さい。上から軍需工業化を強行するのが国防国家派です。軍需工業化のためには、国民負担の平等化とか福祉の問題も上から行うという政策をもってきました。ここでの主要な人物は、中央レベルでは、東条英機、岸信介、賀屋興宣などです。また、和田博雄、陸軍の統制派、革新官僚、商工官僚を含みます。これは、『日本近現代史をどう見るか』（岩波書店、二〇一〇年）で強調しているんですが、上からの協同主義の推進力でもあったという要素があります。

社会国民主義派は、下からの社会の平等化、近代化、現代化を進めようとする潮流です。所有と経営の分離、労働条件の改善、国民生活水準の平等化、女性の社会的・政治的地位の向上と、協同主義、東亜共同体を主張しました。風見章、麻生久、有馬頼寧、亀井貫一郎、千石興太郎など広い意味で昭和研究会に結集した人たちで、社会運動を一九一〇年代、二〇年代にやっていました。知識人では三木清、矢部貞治、蠟山政道などです。

自由主義派はどんな政策をもっていたかというと、徹底的な産業合理化、財政整理、軍縮などの自由主義経済政策、親英米です。歴史的には、政党政治と自由主義経済とワシントン体制を維持しようとします。まさに自由主義体制の主流派ですから、浜口雄幸、鳩山一郎、吉田茂などです。一九二〇年代の政財界の主流で、海軍の条約派もそうです。

反動派は一九一〇年代、二〇年代の労働運動、農民運動、政党政治によって既得権を脅かされた派です。明治時代の政治、経済、社会体制への復帰を主張します。地主や、軍部でいうと陸軍の皇道派、海軍の艦隊派などで、また地主で歌人の観念右翼・三井甲之などです。

この四つは、いろいろな言い方はありますが、現実の歴史のなかでのいわば整理です。一つは政治過程の変化を説明できること、他には各地域を比較する際の基準になるという意味があります。つまり、四つの潮流は各地域でどのくらいの強弱をもっているかということです。国防国家派が強いところ、自由主義派が強いところなどという地域の違いを四つの潮流の強弱で測ることができるという点で、一つの方法を外在化した形で出しています。

それからもう一つは、政党、官僚、宮廷などの公式・非公式団体を超えて、流れを把握する方法としての意味です。つまりここでは、陸軍、海軍、官僚、政党、財界、思想界を公式に切るのではなくて、四つのグループに縦断されて存在するものをつかまえることが可能になるのではないかと思います。

岸信介の評価についても、社会民主主義よりもベタな協同主義派であると考えたほうが面白いのではないか、と思うわけです。つまり、上からの協同主義的な、あるいは下からの協同主義で岸を考えたほうが説得力があるし、もしかすると国際的にこちらのほうがモデルになるのではないかと思います。岸を社会民主主義者とするのは狭すぎると思います。

六〇年代、七〇年代をやっていて非常に面白いんですが、政財界を分析するとき、例えばサンケイをめぐる鹿内信隆と水野成夫の対立などで、戦前の国防国家派と自由主義派の対抗みたいなものが六〇年代、七〇年代に脈々と出てくるわけです。依然として、二つの潮流の対抗が整理されるようなところがあって、財界に四潮流論が使えるのではないかと思います。

ある新聞記者の話で面白かったのは椎名裁定です。椎名裁定のときに三木武夫を選びましたが、あれは彼から言わせると、単に三木がいいだろうという判断ではないんです。一九四〇年代の三木は商工委員会で、椎名は商工官僚で商工次官でしたが、そのときの関係が椎名裁定と深い関係にあるということを言っています。要するに戦後の、さらにポスト戦後の問題を考えるときに、戦前、戦時の問題を抜きにしては語れないと思うわけです。そういう点で主体と体制から考えると、自由主義と協同主義を軸として考えるのは、一つの考え方としては面白いんじゃないかと考えます。

(3)政治社会史

もう一つは、国家か社会か、政治か社会かという問題です。これは社会史との関係で議論になりました。政治学ではほとんど問題にならなかったのですが、『戦時戦後体制論』(前掲書)で書きましたように、政治学が現実はちがうのに業界内ゲームのようになってしまうのではないかと危惧していました。それで、社会の問題、社会の次元の諸主体自体を対象化して、それを政治と関連させるという方向を自覚的にやったほうがいいのではないかということで、政治社会史的な方法を開拓したわけなんです。そうすると、政治も変わってくるわけです。その成果として、既成勢力の自己革新という問題、つまり市町村の最末端の名望家の二代目、三代目が社会を再統合していくということから、それがどう県政のレベルとか国会のレベル、政治地図を変えたかという話をしています。

戦時体制の問題ですが、総力戦体制によって社会が下降的に均質化するのが戦時体制です。それに対する反動が反東条連合という形で現れます。しかもそれが、戦後の占領期の政治主体を準備するという話をしました。あと、四潮流、日常とリーダーシップの問題、支配と日常性の問題で言うと、町内会の制度的変化を日常性のなかに位置づけるということをやりました。この町内会の新しい位置づけについては社会学などの研究者が発展させています（吉原直樹「地域住民組織における共同性と公共性―町内会を中心として」『社会学評論』50―507）。

⑷総力戦体制論

最後は総力戦体制論です。詳しくは雨宮「総力戦体制研究の進展」（『別冊歴史読本』新人物往来社、二〇〇〇年五月、雨宮『戦後の越え方——歴史・地域・政治・思考』日本経済評論社、二〇一三年所収）をご覧ください。総力戦体制とはどういうものであるか、読んでいただければよろしいかと思います。総力戦体制の問題を考えると、社会と方向性の問題、つまり外部がない社会に向かうという方向性の問題に関わってきます。民衆が良くも悪くも全部包摂されるのが、外部がない社会です。戦勝国体制では一層その外部が消されるわけです。つまり、国外に問題を逸らすことができるのが覇権国家ですが、戦勝国体制は、戦争に負けた国が覇権国家でなくなることによって、外部に問題を転換できないという意味で、日本の戦後は外部がない社会であろうと言えるわけです。

これは『戦時戦後体制論』（前掲書）でお話したことですが、このことをどう説明するかです。たとえば、日立の住民運動を構造的な依存の進行、つまり多くの人間が大きい組織や行政に依存せざるをえないというなかでどう自立性が担保されるか、という問題で考えるときに、半官、半企業、半住民のネットワークをつくりながら、会社組織や行政の仕切りを越えるあり方が、いわば日立の住民運動で準備されるという見方をしています。

総力戦体制を説明能力の問題で言うと、戦時と戦後の連続性が戦後さまざまな形で存在します。たとえば、福祉の問題でも国民健康保険という中身は、戦前の総力戦体制のなかで国防国家派と社会国民主義派によってほとんどつくられるのです。それから最近の話ですが、電力各社の現状は一九四二年の「電力国家管理法」などの電力法に基づいています。当時、電力会社が一五二もあったんです。それを九電力に整理して、地域独占がここで確立されたわけです。電気料金の値上げの転嫁もここで決まる。だからほとんど電力各社の骨格は一九四二年のシステムのままです。

そうすると、現在の問題は、戦時と戦後のシステムの両方を充当した形でどう超えるかということになってくると考えるわけです。そうなると、方向性の問題ですが、高度成長から少子高齢化という社会は「衰退」です。健やかに衰退するという豊かさをどうつくるかという問題として考えられないかと思うわけです。そのために、どこかに存在するんじゃなくて、協同主義のような近世以来の歴史的材料を再構成するしかないのではないか、というのがこの問題です。勿論、この「衰退」の豊かな過ごし方がまだ目に見えない新しい質をもった次の「成長」を準備することは第一章でのべた通りです。

ダーレンドルフとの比較ですが、『戦時戦後体制論』（前掲書）で要訳している Society and Democracy のなかで有名なのは、ナチスの社会革命説です。ナチスは社会を革命するときに、古い権威的集団をグライヒシャルトゥング（強制的均質化）で抑圧、解体してドイツの近代を準備したというのが、ダーレンドルフのテーゼです。私はこれにもちろん示唆を受けましたが、私はそうではなくて、総力戦体制というのは格差を良くも悪くも是正するという見方で、平準化、平等化を進めると理解したほうがいいんじゃないかと思うんです。つまり、グライヒシャルトングをナチスに特定化するのではなくて、グライヒシャルトングされる対象と主体を私なりに拡大したわけです。

古いものも新しいものも対象にして、自立性をもったものをグライヒシャルトングするというふうにグライヒシャルトングを考えたほうがいいのではないかと思います。そう考えると、例えば、資本がグライヒシャルトングするということもありえます。例えば、一九五〇年代の日立争議でも激しく労働者の自立性を剥奪するわけです。だから私としては、グライヒシャルトングが日本近代では二つあるとみています。最近でいえば、総力戦体制におけるグライヒシャルトングと、一九五〇年前後のグライヒシャルトングです。つまり、労働組合などの自主性を解体するということがあったのではないでしょうか。

例えば、ダールのように地域は非常に多元的であるということを抽象的に言うよりも、二つのグライヒシャルトングの程度によってその地域の多元性は決まる、というふうに考えることに意味があるのではないか、というふうに僕は言っています。

山之内靖さんと私が、一九八六年四月、彼は『世界』で、私は『日本史研究』でまったく同時に総力戦体制や国家総動員体制の問題を提起したんです。私はその一年前の一九八五年一一月の日本史研究会大会ではじめてこのことを発表したのですが、ほぼ同時と言っていいわけですが、二年ぐらい後になって、彼は、一九八六年以降、ドイツ、イギリス、フランスでも、総力戦体制論が言われ始めたということを言っていました。

山之内さんと私の共通性はたくさんありますが、違いは、山之内さんは管理社会論だということです。管理が隅々までいって、福祉も含めて徹底的に人間が管理されるその始発点が総力戦体制だということを強調しています。これは先の「総力戦体制研究の進展」に詳しく書いてありますからお読みください。ただ、私は管理よりも格差の是正の問題が重要だと思っています。つまり、格差の是正と、戦争に行って犠牲を払うことを格差是正の代償として問題にしたわけです。さらに、政党や官僚も含めて、格差是正にどう動くかについての目配りが必要と思っています。総力戦体制論のなかでは私がこの格差問題に注目しましたが、これはダーレンドルフの近代化論とも異なる視点でした。

こうした総力戦体制論は成田さんがおっしゃったように、国際的な影響力がかなりあって、アメリカなどの学会で報告に行ったりしたときに、私たちのほうから言い出して、議論がありました。

ここでは主として、歴史学と政治学という話をしてきたんですが、法学部の政治史と政治学の関係も見ておく必要があると思っています。私の知る範囲ですが、三谷太一郎さん、坂野潤治さん、御厨貴さんなどです。若い研究者との関係でいうと、必ずしも政治史ではない研究者が、政治史の研究者に示唆を得て動いている、ということが最近よくいわれています。例えば、『行政改革と調整のシステム』（東京大学出版会、二〇〇九年）を書いた牧原出さんが、「あとがき」で御厨さんの国策統合機関の話と、坂野さんの財政をめぐる政治史に示唆を受けたと書いていますし、坂野さんらの『憲政の政治学』（東京大学出版会、二〇〇六年）などからも影響を受けたと言っています。

法律学・行政学・社会学の研究者たちのなかで、ここでのべてきたパラダイムの変化のような問題、総力戦体制とか戦時と戦後との関係の新しい見方などを背景にして研究を進めている人もいることを知っています。歴史学というのはパラダイムの問題とか、方向性の問題を出せるので、社会諸科学に対して影響を与えているところもあるのかなと思います。ただ、法学部では、丸山さんの政治思想史、福田さんの政治学説史、篠原さんの西欧政治史、三谷さんの日本政治外交史など、彼らが中心人物であったときは他の学者がそのパラダイムを使って研究するような、そういうことがあるような感じです。人の問題なのか、学問の特質なのかは分かりません。

最後に、世代か時代かの問題ですが、若い世代の書いたものを少し読ませてもらっているんですが、内容がちっとも若くないんです。たぶんミニマリズムなんでしょう。新しいいろいろな動きがあるのにそれを見ていない。個人の問題なのか構造の問題なのかはよく分かりません。別に若い世代にどうのこうのと言うつもりはないのですが。たぶん、若い人に見えている問題が私には見えていないのかも知れません。

注

＊1　この「一九五〇年代社会論」は、近年、若い研究者に取り上げられている。社会学の和田悠は次のように整理する。すなわち一九四五年から一九六〇年までを戦後復興期ととらえ、「六〇年安保闘争」を一つの画期としてそれを「戦後民主主義」による「戦後啓蒙」を前提として、後の「市民運動」に接続する（石田雄『日本の社会科学』東京大学出版会、一九八七年）という見方があった。しかし「戦後日本社会の歴史像を更新しようとする」動きがある。象徴的には占領期と高度成長期の過渡期ではなく「一定の普遍性を持つ固有な社会」としての「五〇年代社会」（雨宮昭一）を把握する見方である。それが歴史社会学の小熊英二『民主と愛国』（新曜社、二〇〇二年）にも受け継がれていく（和田悠「一九五〇年代における知識人と民衆意識に関わる社会史研究」『社会史科学研究科紀要』第五七号、二〇〇四年、九一～九二頁）。
社会運動研究では、道場親信が五〇年代日本のサークル運動をわたしの「五〇年代社会論」の文脈の中で展開している（道場「五〇年代日本のサークル運動の意味」『朝日新聞』二〇〇九年一一月二六日夕刊）。さらに歴史学では戸邉秀明が、一九七〇年代以降、新たな五〇年代の把握に関連する「革新派論」（伊藤隆）、

総力戦体制論、ポストコロニアリズム、の三潮流が現れたが、五〇年代社会論も含むその具体的通史叙述として雨宮『占領と改革』（岩波書店、二〇〇八年）を位置づけている（戸邉秀明「戦後思想としての「戦後」史叙述――一九五〇年年代史を焦点としての」『メトロポリタン史学』一一号、二〇一五年一一月）。

補論① 書評 加藤陽子『戦争まで――歴史を決めた交渉と日本の失敗』（朝日出版社、二〇一六年）

本書は大変面白く説得力のある作品である。筆者のこれまでの作品では事態の再現をされてきたが、本書では最新の研究と一次資料をふまえてオルタナティヴを迫り、読者の高い（あるいは本来の）〝当事者性〟を陶冶しようとしている点などは評価される。

それを前提にしたうえであるが、本書の「合理的」で「現実的」とされている「世界の道」が大衆に認識されなかったことから戦争に向かった、という基本的論点を検討する。これはかならずしもイデオロギーの問題ではなく、この「世界の道」は内外の既得権益者である資本主義、自由主義勢力によって構成される世界秩序である。そしてこの資本主義、自由主義の問題性が露呈するのが本書が扱う激動期であろう。その問題性の解決が国内的国際的に放置されたまま「合理的、現実的」と言われても、その問題性の渦中にいる大衆は納得しない可能性があろう。つまり大衆はそうした「世界の道」の内容を知ったうえで従わなかったのではないか。知らないで操作されて戦争になったとは到底考えられない。

評者はこの問題性を放置した「世界の道」vsその「合理性、具体性」を理解できない大衆、という図式じたいが検討されないと相変わらずまた同じ事態が繰り返されると考えるものである。この問題性の克服がいかにして歴史的に可能だったか、可能か、可能になるかなどを、大衆を含めた「四潮流」などで、つまり一つの「合理的、現実的な世界の道」ではなく、〝複数の合理性、現実性、をもった複数の世界の道〟の存在とその相互作用の解明である（雨宮昭一『占領と改革』岩波書店、二〇〇八年、同『戦時戦後体制論』岩波書店、一九九七年、「戦後の越え方と協同主義」『独協法学』二〇一六年八月など）。

その中での具体的な問題性の克服に関連して一例をあげよう。戦時期に満洲で「開拓」に関わり一九四六年に帰国し茨城県庁に入り日本の「開拓」に関わった人物が「平地林が多いのに驚き」「いくらでも開拓はできるはずだな」と思ったという（茨城の占領時代研究会編『茨城の占領時代――四〇人の証言』茨城新聞社、二〇〇一年、二八三頁）。つまり関係と制度と見かたを少し変えれば「満州」に行かなくても土地は「いくらでも」あり「戦争しかない」とは誰も考えないであろう。このようなことをあらためて想起できたことも本書が並外れて高い水準を有しているからであることは言うまでもない。

（雨宮昭一ブログ、二〇一六年二月五日）

補論② 画一的でなく、地域に即した地域モデルを

現在はグローバル化、分権化、そして超高齢化社会という人類史でかつてなかった時代です。それゆえにこれまでのように国家と社会、政府と市場、中央政府と地方政府、集権と分権を二項対立的にとらえること自体が再検討されねばならないと思われます。この難題に対応するには、国家、社会、市場、中央政府、地方政府がすべて大きく、強くなければならないのであり、集権も分権も共に強めなければならないのです。つまり、新しい次元が必要なのです。たとえば介護や福祉への税金によるサポートと、社会の自立的福祉主体の拡大と多様化、の両方が必要なように。

「地方分権」が言われて随分と時間が経ちますが、グローバル化、格差社会、高齢化、安全など、これまで国や国際機関が対応してきて、かつ対応しきれなかった問題に、地域が自らの手で直接対応しなければならない事態

になっています。

この新しい事態は、実践的課題であるとともに学問的にも先端的課題であります。つまり、「分権」や「効率」を画一的に、無自覚に目指したり、既に分かっている答えの応用問題や演習問題としては解けず、それぞれの地域に即した地域モデルが創出されなければならないと思います。

（雨宮「創刊号の発刊によせて」『地域総合研究』創刊号、二〇〇八年）

補論③　現代における大学・研究所の役割

今、という時代は何なのでしょう、という問いがなされない、けれどもあらゆるものごとが決められない、という今は何なのでしょう。たとえば、二〇〇九年にマニフェストを前面に出した総選挙で、民主党が圧勝し、同年九月一六日に鳩山由紀夫内閣ができました。鳩山首相の東アジア共同体構想、CO_2の二五％削減、セーフティーネットの再確立、沖縄にある米軍基地の県外移設、などの政策や内外への対応の態度などの一挙一動が激しく批判されてすぐに退陣し、二〇一〇年六月八日に菅直人内閣ができ、同様に内外政策はもちろん外国首脳との会談の時の態度、国債格付け低下へのコメントなどなど、これまた文字通り一挙一動が批判されて物事を決定する力が大変弱体化しました。

多くのマスコミも野党も上記のように何から何まで批判し、私が会ったキャリア官僚は「政治主導」というのだから自分は知らない、という態度であるし、同じく高名な政治学者は、「官僚優位」と理論づけてきた既存の研究者に責任がある、などと述べています。加えて民主党政権がマニフェストの修正をするという事態も重なって前が見えない状況があります。

問題はたぶん今がどんな歴史的過程にあるか、だと思います。私は、未知の新しい事態を全体が生きている、つまりこれまでの「常識」や判断基準では説明できない時期だと考えます。それゆえに保守対革新、大きな政府と小さな弱い地域、与党対野党などなどの軸自体が揺らいでいるのだと思います。

それがたとえば政治家の「未熟」「幼稚」な行動にあらわれているのだと思います。そうすれば、政治家はできるだけ「未熟に」ふるまい、キャリア官僚はその意味を知って行政に蓄積されているこれまでの知見をベストをつくして政治家に伝えるなど、過渡期にふさわしく、まじめに混乱し、試行錯誤して知恵を出し合い新しい「常識」を形成し合う以外にないと思います。だからたとえば税負担と福祉の問題についても保守・革新、与党・野党、などの軸ではすまない決め方が求められています。その軸はたとえば大きな強い中央政府と大きな強い社会、強い政治家と強い官僚、などなどです。

だからこそこの時、大学や研究所もその新しい一環を担い、すでに分かったことの演習問題ばかりをやったり、官僚のアリバイづくりのための〝調査〟などばかりではない、新しい知見の生産が求められていると思います。

ある大規模な再開発の場所に調査に行った時、都心に近い新しい住宅地として開発したのに、住宅もマンションも売れない状態であることが分かり、やはりベッドタウンの次のことを考えていなかったり、ベッドタウン幻想にこだわっていては無理があることを痛感しました。そして、大学と研究所は行政や企業から自立した研究の必要なことを強く感じました。

（雨宮「所長雑感」『地域総合研究』第四号、二〇一一年）

第6章

〈対談〉ポスト戦後体制と協同主義
――東浩紀著『ゲンロン0　観光客の哲学』を参照しつつ

雨宮昭一×平良好利

1　コミュニティと格差

雨宮　ここからは、本書の内容を明確にするために、あるいはその目的に限定して、私は哲学者でないので、正確に読めている自信はありませんが東浩紀『観光客の哲学』（ゲンロン社、二〇一七年）のなかで関連するところをとりあげ、対照しつつ議論していきたいと思います。対談していただく平良好利さんは、東氏の本も私の本も読まれている方であります。

まず『観光客の哲学』の二〇頁では、観光客が非常に増えて、その数の多さに注目すべきだということが書いてありますが、本書第1章で言ったように、それは遊び人口の一部だと思うのです。必ずしも外へ出られなくてもいい。でも、東氏は遊んでいる膨大な人間たちの話を書いてるわけで、そちらの方が実は主体なのだと言うわけです。私とは、重なっているけど微妙にズレているところが面白い。つまり、問題の設定は非常に似ているわけです。

平良　膨大な遊び人口をちゃんとリアルに捉えてそこから知の課題を考えているところは、本当に一緒ですね。雨宮さんの議論は仕事外の時間をどう使うかで、第1章でのべているように、極端にいえば一日五〇〇円で生きていける時代に入ってきていると。そうすると一ヵ月でせいぜい一週間ぐらい働けば一応は食べていけると。そのあとの膨大な時間をどう使うかという問題を提起していますね。

雨宮　そう、その五〇〇円のことも含めて、非常に似ているのです。似ているのだけれども、これは微妙に違って、たぶん相互に補完し合っていると思っているのです。

それから二四頁で、アーリとラースンという人たちが、労働者階級の共同体が生まれるという議論の仕方をしているのはすごく面白い。つまり普通は労働者階級の組織が出来るとかいう話だけれども、コミュニティが出来るといっている。つまり近代になると巨大組織が出てくるというのが、近代の語り方なのだけれども、そうではなく、新しいコミュニティが出てくるのだというように考えると、個対組織のような議論、個対共同体のような議論と異なって、共同体がどんどん新しく再生してくるんだ、生まれてくるんだ、というように議論すると面白い。私はある意味ではそのことを言っているつもりなのです。個対共同体ではなくて、新しい共同体。新しいその共同体が新しい規定をもった個を螺旋的に入れ込み、またつくるわけです。こういうところがちょっと東氏とは違うのではないかと思う。まあ、違うというか、補完し合うのだろうけれども。

あと三〇頁で、「人類はこのまま能天気に、ツーリズムと、ショッピングモールと、テーマパークに囲まれて、ポストモダンの子宮に守られた、そしてそのまま歴史の終わりのまどろみのなかを漂っていくのだろうか？」という問題。歴史的にそういうあり方で人間の歴史が終わるかという問題です。これは非常に面白いと思うのだけれども、私は、必ずしもテーマパークでもショッピングモールでもツーリズムでもない遊びが、または遊ぶ集団の問題が、実は次の社会を準備するというように考えた方がいいのではないか、と考えるわけです。

平良　個と共同体の問題はあとでゆっくり考えるとして、雨宮さんは第1章で今回新しく「遊び」論を展開していますが、その遊びは東氏と重なる部分もあるし違うところもありますよね。

雨宮　そうですね。

平良　僕は彼と同年代で中年なんです。雨宮さんは七〇歳を超えたいわゆる高齢者と言ったら怒られますが（笑）、その高齢者の、あるいはその世代の経験が結構入っているように思うんです。

雨宮　つまり解体される前のコミュニティを知っているという問題ですね。時代や人々の人生においてコミュニティは必要に応じていつも解体され形成されているから、体験しているか、いないかではない。この問題も難しい。たとえば平良さんも子育てや病気などの時には個では無理でコミュニティーが必要になるのですよ。だからこそ言わなければいけないのです、逆にね。それが自覚化され形象化されれば財産になるんだと。

平良　例えば第1章では、雨宮さんご自身が山梨で昼間にいとこ会をやって、昔の高級スナックでカラオケを歌いまくっているという事例を挙げている。そしてスナックのオーナーにしても客にしても、高度経済成長時代のストックをうまく使い切っているという議論をされてますね。あれだって定年退職した高齢者の遊び方ですよね。

雨宮　いや、若い人だってそこで遊んでいるのかもしれませんよ。若い人だって別に観光やモールにだけ行っているわけじゃないでしょう。

平良　そうではないですけども、我々の感覚としてはやはり休日にモールに行くほうがぴったりくる。でも雨宮さんのいう、ストックを作るためのフローの時代からストックを使いこなす時代に入っているという議論は、本当にはっとさせられます。

雨宮　私のゼミの学生の調査では、モールにも地域の高齢者が多いことがわかっています。

平良　でもそれは仲間同士でわいわいがやがやする遊びというよりも、一人や家族で行くことが多いですよね。モールはまさに個の時代の遊ぶ空間だと思います。雨宮さんたちはそれとは違う共同体的というか、そういう遊びもよく知っていると思います。

でもモールに関して言えば、雨宮さんは以前、シャッター街になっていく駅前の商店街側はかわいそうで、ショッピングモールはダメだという議論をするのではなく、そのショッピングモールを新しい地域づくりの拠点として再構成すべきだとも指摘していましたね。

雨宮　ええ。でも東氏の本を読みながら、また平良さんが沖縄の観光問題をこれで考えたらどうなるだろうかって、考えただけでゾクゾクしますね。今まで観光の問題というのは消費される沖縄とか、そういうレベルでしかないわけですよ。消費されるしかないという議論の仕方を超えなきゃダメなのです。

それから三二頁も面白い。

グローバリズムは悪であるというのはよく言われる。しかし考えてみると、国民所得は高くなるし、平均寿命は長くなるし、ということは先進国ではかなり格差は狭まってしまっている。つまり多くの人間はハッピーになっている、という問題があって、しかもそれぞれの国の中では格差が伸張している、ということを彼は言っている。

だけど私から言わせると、格差に問題を還元させてはいけない。グローバリズムと格差に還元してはいけないという議論をしなきゃいけない。それはつまり、いずれにしても、絶対的にみんなは生活が豊かになっているのですよ。相対的にではなくて。このことについての意味づけをしなければダメなのです。相対的ということは、もうすでにある意味づけをしているわけ。偏差値だけの意味づけですね。その意味づけをもう少し多様に新しくしなければいけない。

平良　これは雨宮さんの議論でいうと、今の格差は五〇年前や戦前のような格差ではなくて、いろいろと豊かになった中での格差だということですね。

雨宮　そうです。つまり格差の歴史性、具体性です。だから、その「豊さ」の中で格差の基準を所得のみにおくのではなく、現在の生活の困難とは何であり、それを具体的にどう解決するかですね。それは、いずれも歴史的な福祉の水準、内容、人間のつながり、ネットワークなどの協同主義的あり方などを考えることですね。それは自由主義経済と協同主義経済の混合経済の自覚的な位置づけにも関わります。自覚的な位置づけをしたら、その格差すらもそのように主体的に相対化できる。

でも、東氏の本を読んでいると、やっぱり彼も相変わらずやはり格差はダメだというような話だけれど。私はこの前ある研究会に久しぶりに行って参考になったのだけれども、残念ながら視点が新しくないのですよ。何が新しくないかというと、みんな格差はダメだよねという話と、それからコミュニティを解体するのは再開発の権力だよねという話なのです。しかしそれは状態の説明であって、それをのべる私は何か良い人ですというようなことなのですね。それぞれが良い人なんてことは何の役にも立たないし、状況の説明などというのは知の問題においてはほとんどゼロの価値しかない。

そうすると問題は、現在における格差とは何かという問題と、コミュニティが絶対に良いなんてことが言えるのかという問題と、その両方を、つまり今私たちが普通に乗っかっている知そのもののあり方を問題にしないとダメだろうという事なのです。しかもそれを新自由主義的でない形で言わなければいけないだろうと。

つまりその格差を正面から問題にしていないわけです。もちろん、私は格差が良いなんて思ってないのですよ。しかし、観光客的に、ナショナリズムとグローバリズムの間をウロウロすればいいわけじゃない。

それから、この本の三四頁で非常に面白いのは、必要性と不必要性の問題です。つまり、近代というのはある意味では必要性であり必然性をもつ。つまり豊かな社会になったら、偶然性、不必要性がポイントになるという話をしているわけです。これも私から言わせると、必要性というのは、必要か不必要かじゃない。必要性と不必要じゃなくて、段階とそれゆえ質の異なる必要性になっているというように議論した方が良い。だから私が言っているのは、例えばコミュニティは絶対に必要か必要でないかと言えば、必要だからコミュニティがあるのだけれど、不必要になったらやめられるのだということ。だから、現代においても必要性が新しく生じるから新しくコミュニティが形成される、というふうに議論をした方が良いと思う。

平良　必要、不必要ではなく、異なる必要性が時代によって生じるということですね。

雨宮　要するに、歴史的な議論が必要なのです。それから面白いのは、同じ所なのだけれども、観光客が遊歩者としてパサージュ、ショッピングモールに行くと。そこでたまたま知り合った人間と付き合ったり。その辺が主体になるというのが彼の議論でしょう。しかし私は違う側面もあると思う。例えば、確かに北京に行ってもマドリードに行ってもチリのサンチャゴに行っても、ショッピングモールというのは全部同じなわけです。だからこそ逆なのです。人々がそこに住んだり遊ぶのだけれども、しかしそれは地域の人々が繋がりを持って、日常性を持った人々がショッピングモールに行くという、そういうショッピングモールに行くあり方があるわけです。全く知らない観光客が来るというのではなくて。それは要するに、マイルドヤンキー問題でもあるわけです。

つまり、観光客でない人間がそれを楽しむという問題として議論しなければいけない。そういうローカルな所に行って遊んでいるローカルな人間たちを考えないと。

平良　そのローカルに関わることですが、グローバリズムとナショナリズムが同時に激しく展開されている今の世の中で、東氏は「旅人」でも「村人」でもなく第三の「観光客」というものを見出して、そこから可能性を考えようとしていますね。その観光客が基盤とすべきアイデンティティは、彼は「家族」だと言っているのです。しかし雨宮さんの場合はどちらかというと「地域」。

雨宮　そうです。つまり国家でもグローバルでもないようなあり方をどこに設定するのかという問題です。

2 地域か、家族か

平良 東氏は国家でも個でも階級でもないものとして何が考えられるかといったら、それは家族だといっています。この家族という概念を再構成して、観光客の新たな連帯を表現するものに鍛えに鍛えなければいけないと言っているのですが、彼や僕らが生まれて生きてきた時代はやっぱり高度成長期の個の時代、社会契約論的な個の時代ですから、その家族にしても何にしてもやっぱり個が基盤になっている。だから雨宮さんのこの本の第1章の表2でいうと、最後のバージョンアップした個の話にかかわってくるようなところがあると思うんですが。

雨宮 そうですね。そこが面白い。

平良 雨宮さんの場合は、国家でもグローバルでも観光客でも家族でもない、地域ということですね。

雨宮 そう、地域です。その地域の問題を考えるのが第2章なのです。第2章の山梨県人のように地域の主体があのようにプラグマティックに——プラグマティックは悪い意味じゃないですよ——国家にも、薩長史観にも、反薩長史観にも、ナショナリズムにも無関係に問題を組み立てていく。それは山梨県人と言わなくてもいいがそのような主体の〝実在〟を明らかにしたつもりです。もっとも、山梨県民は被害者意識もないですからね。

平良 沖縄の場合は実際にひどい目にあってきたし、また現にあっているし、被害者意識が出てくるのは当然なところもありますが、雨宮さんの言うようにこれまでとは違った視点、違った語り方を展開すれば、これまでとは違った展望も見えてくるということですね。でも、山梨という地域性と、山梨の家族とか個というものはどう結びつけて考えたらいいのですか。

雨宮 その主体自体が、近代以前のあり方みたいなもので存在しているような、そういう要素を背負ったものがローカルというのではないかな。

平良 近代以前のあり方も背負ったローカルですか。なるほど。でもあえて先ほどの議論に戻しますと、雨宮さんはやはり個になる前の共同体の時代を知っている世代なんです。第1章で、個の時代を蚊が一匹も入らない住宅の例を用いてのべていますが、それは雨宮さんが前の時代を知っているからであって、僕らはやはり個の時代から出発しているので、家族というものを考える時には、やっぱり核家族のイメージなのです。だから地域にまではなかなか広がっていきにくいところもある。だからこそ東氏などは、個や家族などを基盤にしてそこから深く考えていると思います。

雨宮　そういう経験はしていないかもしれないが、例えば東氏は趣味のサークルなどというのは生活と関係ないからすぐに解体するといっているがそうじゃないと思います。
その次に、テロの問題ですが、これは東氏が言ってることが面白いのだが、テロリズムというのは、政治の問題ではなくて文学の問題だと。つまり公的な「国家対国家」の関係としてのテロではなくて、幸せな人間、幸せな労働者階級をぶっ壊すというのがテロだと。
平良　政治学的な思考は真面目なものしか扱わないので、いまのテロの問題は解けないと。だから文学的な思考が必要だと言っていますね。
雨宮　それから四九頁でいっているメタ作品を分析するメタ視点の問題を議論しなきゃいけないというのは、もうそれはその通りです。またここで非常に面白いのは、地域は全てがテーマパーク化すると言っていること。しかし、これもそうなのですが、全部がテーマパーク化しているわけではない。テーマパーク化ももちろんするけれども、テーマパーク以外の形でも地域の構成の仕方を考えないといけない。実際、地域は資本の論理のみで存在しているのではなく協同主義の要素もあるのです。
それから五一頁で面白いのが、一九七〇年代のことです。要するに、これは再帰的近代化のはじまりだと。これはもう断然面白い。これは私の議論との関係でいうと、この再帰的近代化というのは、ちょっと文明史的な区割りですよね。それに対して、私の区割りは戦後史というミドルレンジでの区切りなわけです。

それから、五三頁以降の開沼博氏に関する話がすごく面白くて、彼が言っている通りでね。つまり福島は全部原発だということを言ってしまうような語り方が問題だというのは、よく分かったのですよ。開沼氏が言いたいのは、要するに原発以外の福島はいっぱいあるのに、全部福島イコール原発にしてしまっていることが問題だというのは正しいのだけど。それは正しいんだけれども……。

平良　でも東氏は彼の言うことも踏まえて考えてますよね。

雨宮　そう。たとえば、水俣の問題についても水俣の問題イコール水俣病だったんだけれども、それをどう克服したかという議論を私はしているわけです。これはだから彼がいうことも正しいし、僕が言うことも正しいという議論で良いと思う。

平良　水俣でいうと、雨宮さんは開沼氏に近い議論をしていましたか。それとも東氏みたいな議論でしたか。確か『戦後の越え方』でそれを論じていたと思うのですが。

雨宮　いや東氏の問題とは全然違うのです。東氏の論点は観光業化なのだけれど、それは結果の一部でしかない。つまり、悲惨な公害を克服した地域として結果としては、観光にもなるのだけれども、それだけが中心じゃない。そのように克服したから実はダークではないのです。

平良　そうか、必ずしもダークじゃないんですね。

雨宮　必ずしもダークではない。だからある意味では、沖縄の観光問題もダーク路線だけではダメでしょうね。

平良　たとえば東氏の議論を沖縄に当てはめていえば、基地の島で悲惨だと思って沖縄を訪れた観光客が、意外にもそうじゃない普通の日常をみて、逆にそこで起きている普通じゃない状態を知るというものになるかと思います。

雨宮　でもそれとは少し違うかな。観光客に対してどうするかという問題はあるけれども、福島が直面している問題では、ダークな側面を出した方が良いのだという話とは違う問題として、福島が抱えている問題をどのように解決するかという問題を入れなきゃダメだということです。

だからここで言いたいのは、開沼氏の議論と東氏の議論と違う議論が立てられるかという問題です。それは観光の問題に還元するということじゃなくて、どう克服するかという問題。例えば原発の問題をどう克服するかという問題は、それ自体を対象にしなきゃいけない。

平良　雨宮さんは『戦後の越え方』の中で、こう指摘していますね。「現在日本は、憲法九条体制という非軍事的状態を保ちつつ、原発という軍事システムの起こした事故、とくに被曝問題を、軍事的集権的対応で可能なことを、軍事的強権的でない方法でどう解決するかが問われている」と。

雨宮　そうなのです。

平良　観光というかたちに特化してしまうと、見えなくなる部分も出てくるわけですね。

雨宮　逆に見えなくなる。

それから八〇頁辺りの所で、これも非常に面白いと思うのだが、国際秩序と、その外部という形では、ならず者国家をある程度生み出すわけだ。あるいはならず者国家を入れないという形になるわけだけれども。それに対して東氏は、つまり国家と法による永遠平和という道筋では無理だろうと。そのためには個人と利己主義と商業精神が必要だという話になるわけです。私は、それはその通りで必要なのだけれど、一方では既存の国家的秩序の側が、既成の既得権益の国家が、どう譲るかということ自体を問題にしなければいけないと思う。つまり彼の場合は、もう初めから国際秩序は変えられないものであるという議論をしているけれど、私が言っているように、国際秩序は変えられるものなのだということ。

平良　確かに、東氏は国際秩序とその外部（ならず者国家）という形で分けており、雨宮さんのいうような視点は少し弱いようにも感じますね。東氏は、観光客こそが私的な欲望で公的な空間をひそかに変容させるであろうとは述べていますが、それがどのようにしてなのかは少し見えにくいところもありますね。

雨宮　つまりそれはカントやヘーゲルで考えるとそうなってしまうという議論ですね。大事なのはそれ自体を変えるのではなくて、それとは違う道を探そうという議論の仕方です。ただ、私はカントやヘーゲルに乗っかっても変革の契機はあり得るとは思います。それは例えば、水俣などの場合も、既得権益者の中の一部が変わったわけです。一部が変わることによって全体が変わったのです。つまりある意味で、ならず者国家も同じ問題じゃないですか。ならず者なわけだけれども、ではどちらが変わるかといったら、それを生み出し、排除した側が変わるのですよ。北朝鮮が変わるかどうか難しいけれど、北朝鮮をならず者にしてしまうようなあり方自体を変えなきゃダメなのです。つまり「無条件降伏モデル」ではなく既成秩序にはまだない国や勢力、新興国、新興勢力に既成勢力の側がゆずることによって平和的な新しい国際秩序の創造へと移行を行い、それを通して新興勢力などを責任ある主体にすることでしょう。核兵器をもったばかりの時、核戦争を主張した中国が今や一面では責任ある主体になっていますね。

平良　本当にそうですね。これは第1章のアメリカなど既成勢力が正しく新興勢力の中国に譲るべきだという議論ですね。この考えは雨宮さんが『総力戦体制と地方自治』で言っている既成勢力の自己革新の議論にも通じるものがありますね。

雨宮　そう。あと一九四頁で、ローティが言っているプラグマティズムというものがあるじゃないですか。こういうプラグマティズムがさっき言った山梨のことでもあるのです。主体を歴史に遡って、地域に降りて探すと、例えばこの山梨が発見されるわけです。つまり、国家にもグローバルにも回収されないようなものとは一体何なのかという問題を、何かアクロバッティングな話ではなくて、カッコ付きの実態として、やはり見る必要があると思う。いや、そういうものを見つけなきゃいけない。しかもそれは歴史と地域で、です。

平良　ローティのいうプラグマティズムはアイロニカルなところがありますが、山梨県人はアイロニカルというよりもニヒルな感じがしますね。水戸のように、一般庶民まで大義名分でいくというような熱さはない。

雨宮　ないない、全然ない。

平良　東氏の言葉を借りて言うと、ナショナリズムのもつ快楽ですが、これは水戸にあって山梨にはない。でもその時に彼は『カラマーゾフの兄弟』を読み込んで、熱いマゾヒストを越えるためには、という議論もしていますね。

雨宮　つまり『カラマーゾフの兄弟』の次兄・イヴァンだな。イヴァンは冷たいですよ。でもちょっと違うかな。イヴァンはプラグマティストじゃなくて、もっとニヒリストですね。山梨県人は他人を操作すること自体を楽しむような、そんなニヒルさはないですよ。操作すること自体を楽しむのではなく、生活を楽しむんだよね。

平良　新たな主体をそこに見出せるかもしれませんね。

雨宮　というふうに、〝捏造〟するということでいい。知とか歴史というのは結局作り上げること、構成物なのだからね。だから山梨県人という実態があるわけじゃない。第2章のところで書いているのだけれど、結局、薩長も反薩長もろくなもんではなかったと（笑）。だから両方でよってたかって日本をダメにしたのであって、そういうことからもっと自由にならないと、また同じことをやるのだって。

こうした薩長と反薩長が前提にしてつくっていき、自滅させたのが天皇制という国体だった。その挙句が、国民主権、平和主義、基本的人権という新しい国体、安全保障もその規制の下にある国体でそれが占領の終わった一九五二年以降の日本国民によって定置されたわけです。薩長も反薩長も敗戦責任、自滅責任をとらなかったのだから、その点でも新しい主体が必要になる。それは、戦前から存在している薩長、反薩長以外の主体ですね。

平良　ここまで踏み込んだことは今日はじめて聞きました。そうすると薩長、反薩長とは異なる山梨のようなあり方などは、新しい主体を考えるうえで重要ですね。

雨宮 いろいろな人間がそのつもりになって、それで考えれば良いのです。

平良 薩長でも反薩長でも山梨でもない、沖縄の可能性もここにちょっとありそうな感じがします。

雨宮 全くその通りです。

平良 新たに掘り起こさないといけませんね。

雨宮 山梨の場合いろいろあっても思考もふくめて肩の力をぬいて楽しんでいることの歴史的な意味と位置をポジティブに考えてみました。

平良 僕も沖縄についてはいつもやられてばかりだという話や、東氏も批判する「リベラルの偽善」のような話でもなく、それを超えた新たな展望を見出すためにいろいろと悩みながら考えていますが、それにしても山梨の話は面白いですね。

雨宮 山梨をそういうふうに面白いと思い込ませるというのが大事なのですよ。

平良 さきほどの東氏のアイデンティティ論と重ねると、その観光客の基盤は家族であり、その家族にアイデンティティをもってくるということですが、雨宮さんの話を聞くと、山梨という地域自体のアイデンティティというか、地域にアイデンティティを求めるあり方というのも考えられますね。そうすると、家族にアイデンティティを求めるのとは少し違う主体の議論ができるかもしれない。

雨宮 そうですね。私は地域アイデンティティの問題もあると思う。それはちょっと後から言うけれども、サークルの問題をどう評価するかの問題もあると思う。それから東氏は二〇五頁で、個人でも国家でも階級でもない、第四のアイデンティティは何かということで、彼はそれを家族としているが、私はやはり山梨県人ではないかということにしたわけです（笑）。

平良 （笑）僕もこの部分を読んで個人でも国家でも階級でもないものは何かと考えたとき、雨宮さんがいう地域とか協同主義というものが浮かんできました。

3 協同性の時代

雨宮 だから地域だけでなくそれも含めた協同主義の問題をどう評価するか、これはちょっと後からまた言いたいと思います。

それから、二一三頁。ここでは、柄谷行人の、「贈与」と「収奪と再配分」と「商品交換」という三類型についてですが、贈与の問題は私のいう協同主義問題でもあるわけです。

問題はこの贈与という関係を高次に回復するという点では、私は柄谷氏とほとんど一致しているわけです。一致しているのだけれども、彼と違うのは、彼のそこは抽象的でね、協同主義があるじゃないかというのが私の主張なのです。協同主義的に考えれば、昭和研究会が考えたり、二宮尊徳が考えたり、そういう実在した協同の、つまり贈与の形態があって、そのことをいわば具体的に考えるということが大事ではないかと。というふうに私は言いたいわけです。

平良 要するに高次元の贈与、あるいはDというものは、ある意味でバージョンアップした協同主義というものに置き換えることができると。

雨宮 だから私は置き換えるつもりなのです。私が第1章で言っているようなことが全部協同主義だとすれば、それは古代から現代までそして各地域、各領域に存在しているわけです。

平良 まさにそこは重要なポイントですね。でも雨宮さんにしても東氏や柄谷氏にしても、現在の知の課題と真正面から向き合っている人は、みんな同じところに行きついていって、その地点で深く考えていますね。東氏の「観光客」、柄谷氏の「D」、そして雨宮さんの「協同主義」というように。

雨宮 そうかもしれません。それから同じ問題に関係しますが、二一五頁の最後のパラグラフに近い所だけれども、週末のデモは週末の趣味のサークルと変わらないと、そういう言い方を東氏はするわけです。趣味のサークルではダメなのだという話です。趣味のサークルが無力なのでしょうか。そこは実体の問題として、趣味のサークルというのは、俳句でも釣りでもそうなのですが、みんな地域性と日常性を持っているわけです。東氏は、きちんとした政治の基盤にはならないといっているが、ちがうと思う。

平良　僕は趣味のサークルというものを個を基盤として考えていましたが、サークルはもっと地域に根ざしてすぐには壊れないものだということですか。

雨宮　いやそういうことではなくて、問題はさきほど言った必要性の問題になるわけです。つまり、単に趣味だけじゃなくて必要性、実はそこには互助、互酬、贈与の問題もあるわけです。

平良　たとえば、認知症予防に何が良いかとか、地震になったらどこに何があるかといった情報の交換は、まさに必要性ですよね。

雨宮　そう、東氏にはそこの視点がないのです。だから、ある友人との議論で彼は絶対にコミュニティが必要なんだと言っているけれど、コミュニティとか共同性というのは必要性に応じて存在するのであって、必要がなくなったら解体してしまっていいんですよ。必要になったら、またそのための共同体を作ってきたのが歴史なのです。

だから、石田雄さんなどが言っていた、地域ぐるみ・職場ぐるみは個人を抹殺するなどという議論はちがうのであって、現代においてアンダーやミドルさらにアッパーミドルクラスの人間が、一人で生きていけなくなったらどうするのかという問題を考えないといけない。どんなに豊かな社会になっても、全員が施設みたいなものに入れるなんていうことはできないわけですから。

平良　そうすると、趣味の世界というのは単なる遊びの空間だけではなくて、必要性というのが組み込まれていて、互助、互酬、贈与の要因も入っているわけですね。

雨宮　入っているのです。というのもつまり、メンバーはそれを使って日常的に必要な情報と制度にアクセスするわけです。

平良　それは遊びに含まれている機能ですか。

雨宮　遊びそのものにある機能かどうかは分からない。だけど趣味というものの持つ社会的・歴史的意味が変わってきている。遊びの持つ関係性自体がある歴史的必要性を実現している。あるいは新しい社会形成という新しい政治性の基盤になっている。そこが面白い。

それから二一六頁の第二パラグラフで、東氏は「死の可能性のないところに政治はない。今の左翼はそのことを忘れている」というのだけれども、冗談じゃないわけです。趣味のサークルというものは災害とか病気とか孤立など死の可能性への不可欠な対処だ、というように私は言いたいわけです。これはまさに必要性の問題。しかもそのために趣味をやろうなんて誰も思ってない。

東氏の議論はある意味では、さきほどの観光客問題と似てるわけです。みんな、そんな真面目じゃないよということ。東氏が言うような「遊びほうける」という話がそれで完結しないということを私は掴まえたいのです。しかも私は実態として掴まえたいわけです。抽象的な話ではなくて。

あと、読み方として面白いのは、第四章でいろいろと言っている「誤配」というものですね。つまり彼が言いたいのは「越境」ということなのだと思う。誤配とは越境である。これも非常に私は鋭いと思う。

平良　雨宮さんの議論でいうと、この誤配の問題はどういうふうに考えるのですか。

雨宮　私から言わせると、趣味という境界と、相互扶助とか福祉という境界はどんどん超えられるだろうという話です。

平良　趣味のグループが危機になった場合に意図せず別の機能を発揮するというように。

雨宮　そう。互助組織に変わるというか、組織は変わらないけれど、互助、互酬、贈与的なものの不可欠の通路になる。だからその誤配という問題で、誤配という呼び方をした方が良いのか悪いのか、……。つまり、デリダなどフランス思想で使われる言い方を彼は直接使ってるわけでしょう。もっと違う言い方があると思うのですが、誤配というのは、間違って配達すること自体ではなくて、それを通じて境界を超える媒介になっているってことでしょう、多分。

平良　東氏は予期しないコミュニケーションの可能性を多く含んだ状態のことを誤配というふうに言っていますが、でも東氏と雨宮さんの議論をかみ合わせると、面白いですね。

雨宮　私なりにそう考えればこう言えるという話で、私の言うことがすべてとは思わないけれども。

平良　東氏は哲学で、雨宮さんは政治学、歴史学なので、議論をかみ合わせるのは難しい面もありますが、でもかみ合うところで考えると面白いし、また雨宮さんの見解もそれによってよりクリアになりますね。

雨宮　そう。多分それは東氏のおかげだと思うのですよ。こういう議論が何で楽しいかというと、学会などで格差とコミュニティの問題を取り上げて「格差けしからん」とだけ言っているだけでも、何か立派なことを言ったような気分になるみたいだけど、その前提が違うからなんですね。

ただ東氏の本を読んだあとに私の本などを読むと、ちょっとせせこましいと思われるかもしれないですね。それは、少し設定のレベルが違うからです。むこうはもっと上の方で大きい話をしているけれど、私はミドルレベル・ミドルレンジの話をやっているから。

平良　さきほどの話ですが、第1章の表2（一〇頁）でいえば、東氏は、ダッシュ協同主義の、つまりバージョンアップした協同主義の次に来るバージョンアップした個の問題を考えていると思うのですが。

雨宮　でもそこはバージョンアップしようとしている協同主義の前の個だと思う。私の議論からいうと、東氏の議論は高度成長で共同体から解放された豊かな個が抱えている問題を提出しているのだと思う。

平良　バージョンアップした個ではなく、その前の個の問題ですか。

雨宮　だからもうすでに現代は豊かな個が作る協同性の時代になってきており私はその内容をのべているつもりです。

平良　もちろん雨宮さんのいうように、必要性があって協同性は作られていくのだと思いますが、その協同性の作り方は、雨宮さんたちのようにその協同性を知ってる世代の作り方と、それを知らない我々の世代がどう作るかという問題は、また少し違うところがあるようにも思うのですが。

雨宮　いや、私たちの世代も協同性が持っていた自明性は、高度経済成長で解体したし、そのなかで生きてきたと思いますよ。だから年齢に関係なく歴史と地域から学ばないといけないということ。体験だけじゃダメなのです。つまりコミュニティを知ろうと知るまいと、低成長で財政難で高齢化という社会は否応なくきているのだから、そのなかで個がどう生きていくか考えないといけない段階になっているということです。予想される財政破綻時の生活や生産のことを考えればわかりますよね。

平良　なるほど。僕は世代に還元しすぎているところがありますね。でもあえて聞きますが、世代ではなく男性と女性ではどうですか。僕や東氏などは中年で男性で父親です。でも女性は家族や地域とのかかわりも少し違うものがあるように思いますが。彼の議論では、本当は人間は群れたくないのだと。本当は人間は人間嫌いで社会を作りたくないのだけれども、作らざるを得ないという議論をしていますけれど、僕の妻などと話していると、女性は結構群れるのだと。もちろん「女性は」「男性は」ではないんですが。

雨宮　どうかな、女性は全て群れるのかな?

平良　まあ、群れるかどうかは別にしても、家族や地域に対するかかわり方も、とくに高度経済成長期に「職・住」が分離したあとは、男性とは違うものをもっているのではないかということです。

雨宮　でも東氏は上野千鶴子さんを論敵にしてますからね（笑）。

平良　上野さんは基本的に個の思想ですから、それとは違うかたちで雨宮さんのような議論を女性の立場からする人がいたら面白いなと思っただけです。

でも雨宮さんは、『ポスト・ベッドタウンシステムの研究』のなかで、戦後体制というのは基本的には日本人で、男性で、健常者で、正社員というのが社会における主人公で、それがもう自明性を失ってきていると言っていますね。これからは女性、外国人、障害者、多様な働き方をしている人たちも含めて、社会の再生産、世代の再生産をどう考えていくのかが大事だといってます。その議論に重ねてみても、女性の視点というのはいまの雨宮さんや東氏の議論で考えるとどうみえるのかな、と思ったのです。

雨宮　それは私ではなくても良いのでは？　別の方にさらに考えてもらえると有り難い。

平良　まあ、そうですけど。でも雨宮さんの「ポスト・ベッドタウンシステム」の提唱は、考えてみると今から一〇年以上も前のことですが、これは「職・住・育・学・遊・介護の再接合」や「地域における内外の循環」の問題も含めて、高度経済成長後の新たな地域をどう構築するかという意味で重要です。これのさらなる知的展開は第3章で書かれているわけですね。

雨宮　そうです。そしてもう一つ、正規と非正規の問題です。これなどは絶対的な二項対立みたいな議論がまだ自明とされていますが、先程の格差の問題にも関係するのですが、私が知っているCEOの人などをみると、あんな過酷な生活をするのなら、私は給料を何億円もらってもいやですね（笑）。二億や三億もらってやりたい放題やらないともたないと思うのです。むしろ、一時間八〇〇円の講師の方がよほど自由……。おっと、そんなこと言ったら怒られちゃうかもしれないが。

平良　またそんな挑発的なことを（笑）でも雨宮さんの場合は、高齢者になって、子どもも手がかからなくなっているので、そう言えるんです。僕は中年で子どももまだ小さいから、なかなかそういうことは言えない。でも雨宮さんの議論は二〇代前半の若者たちの議論とうまくくっつくと思います。もちろん世代の問題に還元しちゃいけませんけれども。

雨宮　それはそうです。正規であろうと非正規であろうと、きちんと生活できる制度こそ作るべきであって、正規でなければみんな不幸だ、みたいな議論でやるのは違うだろうと。正規になったから幸せだなんて言えないと思うのですよ。多分、今の世の中は、正規と非正規とをどんどん分けていってしまうから、正規社員がものすごくヘビーになっているという面もある。例えば、私の教え子の友人にいるのですが、非正規で実家に住んで、いわば子どものままで生きてきたのに、四〇歳代くらいになっていきなり正社員にさせられた時には耐えられない。そういう人がいっぱい出てくる。

そうすると必要なことは、正規であろうと非正規であろうと生活できる制度をどう作るかです、というよりは正規・非正規の区別がなくなるワークシェアリングの段階にきていると思います。

さらに私はベーシックインカムが必要だと言いたいわけです。ベーシックインカムにして、とにかくみんなが最低限生きていけるという状態を作る。そういう時代に入ってしまったのだし、今はそういう制度をつくれる時代にもなった。勿論、ベーシックインカム以外の社会保障のすべてのソフト・ハードをやめる新自由主義的ベーシックインカムは危険です。

平良　正規、非正規の二項対立の議論そのものを超えなければいけないということですね。雨宮さんの話しは今まで非正規で実家に住んで、いわば子どものままで生きてきたのに、四〇代になっていきなり正社員になった時にはもたないということですね。そうするとあえて聞きますが、子どもが子どもであって生きていく、また生きられる社会というものをどう考えますか。子どもがいきなり正社員になったらその重圧に耐え切れないわけですよね。

雨宮　逆だと思うのですよ。つまり、そうした仕事は辞めること。常軌を逸した過酷さに耐えられるような人間でないと仕事が出来ないなんていう世の中は、ろくな世の中ではないのだから、それこそ変えるべきなわけです。ただし、綺麗事じゃなくて。だから、正規と非正規に問題を分けているから、その悲惨が生まれるんであって、正規と非正規を超える議論をすればいいわけでしょう。たとえばワークシェアリングやベーシックインカムなどそれを超えるシステムを作ればいいわけです。だから雇用形態がどうであろうとも、皆が楽しく生きられる働き方っていうのは何なのかという議論を立てて、そこの議論をみんなでやっていけばいいわけですよ。そういう議論の仕方をしないで、その前提を前提にしたままでやるから、「悲惨」になるわけですよ。

平良　非正規は非正規で悲惨であり、正規は正規で悲惨だと。

雨宮　そう、両方悲惨です。でも、そういう言い方は自己責任とか新自由主義みたいになってしまうから難しい。

平良　この問題は本当に難しいですね。さきほどの話に戻しますが、東氏は観光客というものを見出して、その基盤となるものは家族だと考えて、その家族概念の再検討に入っていますが、雨宮さんはそうではないということですね。

雨宮　僕は逆に「家族しかない」というような実感がないのですよ。家族だけではなくて、結構色々あるのではないかというのが私の感じ方です。家族は基盤だけれども、家族だけしかないのではなくて。家族なんてロクなものじゃない。広がりはないし。いつもどん詰まりになってしまったりするじゃないですか、親子関係なんて。

平良　でも彼の感覚も分かるんです。僕たちの世代は国家でもなく、地域のコミュニティもあまり知らない世代だから。でも僕はコミュニティが残る沖縄で生まれ育ちましたので、そこら辺は彼とはまたちょっと違うとは思いますが、一般的に言ってその感覚はよく分かるんです。

雨宮　地域がない、か。

平良　また地域に関わるのも少いし。

雨宮　私はすぐ地域に関わってしまうからなあ。そして地域の人たちが雨宮ゼミを作りましょうなんていって、公民館の講座でやっていて楽しいな。

平良　東氏が挙げているルソーなどは、いまでいうとオタクというか、引きこもりというか、人間嫌いだったようですね。でもちょっと言いすぎかもしれませんが、学者って基本的にみんなそうじゃないですか。面白かったのは、源川真希さんの『総力戦のなかの日本政治』の中で東大教授の矢部貞治が出てくるんですが、その矢部貞治が協同主義が大事だと言いつつも、戦時中の町会の活動などはものすごく嫌がるわけですよ。

雨宮　そうそう。知識人にはそういう人が多いですよ。だとすると、私は知識人じゃない（笑）。

平良　いやいや雨宮さんは「新しい知識人」ですよ（笑）。地域に根ざしつつ、そこから思考するというように。

雨宮　なるほど（笑）。ちなみに矢部は日記で見たのですが戦後は町内会の役員もやってます。

平良　そうなんですか。では個人の性質と必要性の問題は分けて考えなければいけませんね。でも社会と深くかかわっていない者がその社会のリアリティを本当に掴まえることができるのか、と最近よく思います。その点、雨宮さんはやはり山梨という地域があるし、そのアイディンティティもある。

雨宮　ただ、完全にその集団に同一化するっていうのではないのです。しかしどこにいても、ネットワークこそがこのリアルな社会を作っているし、そこが面白い。個人がどう考えるかなんていうのは大したことじゃないと思っているのです。

平良　三木清などはそういうところがありますよね。

雨宮　そうそう、だから戸坂潤とか三木などは、例えば委員会の論理とか、そういう関係性の実態に触れているけれど、触れない者はダメですね。触れることに普遍性があると思います。

だからかもしれないが、私の「町内会論」などは、社会学者に注目されたりするんですよ。良くも悪くも、私自身が社会から切れていないから、実態に触れていなかったら絶対に言えないようなことを言えているのだと思います。多くの研究者は実態を見る方法と場がないのだと思いますよ。この前もある研究会大会に行って、君たち私がヒーヒー悩んでいることにちっとも答えてないじゃないかって言ったのです。言葉が上滑りしてしまっているというか、リアルに直面してないのでは？　しかし東氏は違う。彼はあなたが言うように、個を突き詰めてるのですよ。

平良　しかも日常を大事にしていますしね。雨宮さんと同じように。目の前にある日常を大事にするからこそ、ショッピングモールとか観光客などを思想化できる。

雨宮　つまり現実から目を離してないのです。離さずにかつそれをかなり広い視野で議論をするという点では私と共通するものがある。

平良　思考のやり方は似ていると思います。でも、我々の世代は個から始まり、個を突き詰めているから、どうしても地域という視点が弱くなり、結局グローバリズムにいったり、あるいはそれが嫌だったらナショナリズムにいってしまうところがある。それで解決法がなくてみんな知的に苦悩している。だけどそこで彼は家族や観光客というものを見出したわけです。個を出発点にして、そこから突き詰めて考えたのだと思います。

4　個と協同性

雨宮　では、次の話題にいきましょう。今度は二三八頁の後ろから二つ目の段落です。

「オープン、シェア、フリー等の反資本主義的なバズワードを生み出すアメリカ人は同時に多くは億万長者だが、彼らがその矛盾に苦しんでいる様子がない」とありますね。この二面性を、このレベルの協同主義という形でそれを捕まえて促進するというのが私の立場なのです。つまり、フリーとかシェアとかオープンというのは、非常に協同主義的なのですよ。コミュニケーションのレベルでも。それは同時に格差を産むような巨大な富を生み出すこともあるけれど、しかしまさに協同主義の側面として、きちんとそれを促進するようなシステムをどう作るかという議論を私はしているわけです。自由主義経済と協同主義経済の混合として。

しかもそれはそういうレベルにとどまらず、バザール的、オープンソース的、私的所有物のオープン化・フリー化などは、ポスト戦後システムの基本ソフトのレベルにおける協同主義的なあり方だと私は思っているわけです。これは少し「はじめに」で書いています。

平良　基本ソフトのレベルでですか。考えてみると、戦前に三木清などは、自由主義や個人主義でもなく、またマルクス主義や全体主義でもなく、まさに雨宮さんのいう基本ソフトのレベルで協同主義というものを打ち出してますね。またこれも考えてみると面白いのは、戦前の協同主義の議論でも私的所有権の相対化という話がありました。それが戦後に入って、しかも資本主義の論理が行きつく先に、このフリーとかシェアとかオープンというものが実際に一部実現したともいえますね。それをもう一度協同主義の側面から捉え直して、それを促進しようというのが雨宮さんの議論かと思います。

雨宮　しかも国家を介在しないでそれが一部実現している。だから私がここで言いたいのは、資本主義的な私的所有権の絶対性とは全然関係ない状態で基本ソフトがつくられているということのもつ意味です。それは協同主義としか言いようがないのではないか、というのが私の議論。また資本主義にそのように介在して編成しなおすのが自由主義経済と協同主義経済の混合経済の構成であると私は言いたいわけです。

平良　なるほど。東氏は、そのフリーとかシェアとかオープンなどのバズワードを生み出すカルフォルニア・イデロギーの担い手たちは、アメリカ・ファーストになり、それがトランプと結びついているという議論をしていますが。

雨宮　私は一方でそれはヘイトやアメリカ・ファースト、日本・ファーストにいかない膨大なものと結びついているから、それとは違う議論をしなければならないということを言っているわけです。つまりそれがそのまますべてアメリカ・ファーストになるわけではないと私は思う。アメリカ・ファーストではなくて、いま言ったように、国際的な協同主義を促進する契機としての側面を見るわけです。

平良　アメリカ・ファーストにいく経路ではなくて、内外の協同主義にいくようなあり方ですね。

雨宮　だから国際的な協同主義と、内外の協同主義ということ。その契機がこの渦中にあるわけです。つまりオープンでシェアでフリーという、そういう現実の中にこそ協同主義の契機があるのだと。こう言わないといけない。あとは一人一人が自分で考えてみるということです。

それから、この二五三頁の最後のパラグラフはやはり面白い。つまり、専門家による熟議と大衆の無意識を可視化した、すなわちデータベースの組み合わせだということ。このデータベースが大衆の無意識の可視化だという指摘は、その通りで見事です。

平良　まさにルソーの社会契約論を再解釈した『一般意志2・0』で、東氏が詳しく書いてますね。これを雨宮さんの議論に絡めるとどうなりますか。

雨宮　私は一方で、データベースは疑った方がよい、と言いたいのですけれどね。アンケートなどで、集まった大衆的な議論だけではなく、必ず中間的な小集団で媒介する人間がいないと定着しないのではないかな。今はそれらが全部無くなっているという人もいるけれど、私は無くなってはいないと思う。ＩＴの中にも小集団というか、中間集団はあるし生み出しているんじゃないですか。

平良　この中間集団との絡みでいえば、今ではなんの中間媒体もなしにインターネットで個人がニュースを発信することができる。そこにはフェイクもあるし、内容がものすごく粗いものもある。だからやっぱり新聞とかそういうメディアを通すことによって、きちんとした情報が届くというところもある。だから一概に既存メディアを否定できないという議論もありますね。

雨宮　ええ、全く否定できない。ただ、データベースというものには、そういう大メディアも含めたうえでのトータルなものだと思いますね。

それから二八三頁の注21の中で、大澤真幸はナショナリズムというのはマゾヒストだ、と言っていますね。つまり外に敵を作って、主人を人工的に作り上げるわけです。ナショナリズムを自分で作り上げる。私も第2章で一体としての日本人など存在しないということを言いましたが、一体としての日本・日本人に命をかけるような意識があるけれども、それはこういうメカニズムになっているのだよという話で、大澤の説明は妥当だと思います。問題はその相対化や克服はいかに可能かということで、私の場合は「山梨県人」を呼び出したわけです。

それから二九二頁の第三パラグラフに、「リベラリズムの偽善を乗り越え、ナショナリズムの快楽の罠を逃れたあと、グローバリズムのニヒリズムから身を引きはがし、ぼくたちは最終的に、子どもたちに囲まれた不在の主体に到達するのだ。それこそが観光客の主体である」とありますね。

平良　この「不在の主体」というのは、その前で言っている「不能な父」ですね。その不能な父親に期待をするのではなく、そこから生まれてくる子どもたちに期待する。やっぱり未来を託すのは子どもたちであると。でもその子どもたちがどういう主体になるのかは彼も書いていないのでよくわかりませんが。でも、最後は子どもたちに運命を委ねると、世界は子どもたちが変えてくれると言っていますがこの辺りはどうですか。

雨宮　最後のところは、私はよく分からなかったです。一番大事なところなのかもしれないが。

平良　もう一つ彼の議論でいえば、人々の社会的な連帯をつくりだしている基盤は、ルソーのいう「憐れみ」だと言っています。あるいはローティのいう「共感」だと。苦しんでいる人を見ると自然に助けるとか、無垢な子どもをみるとやっぱり大切にするとか、ペットがいればそのペットを可愛がるとかというところから出てくると。連帯の基盤として「憐れみ」を出していますね。

雨宮　そこは完全に分かるし、『カラマーゾフの兄弟』の長男の、不幸な子どもがいる限り人間は幸福になれないという有名な言葉があって、これについては芥川龍之介と宮本顕治との議論もある。つまり芥川はそこにものすごく注目をしたわけですが、宮本顕治はそんな抽象的でなく、まさに不幸な子どもは階級の問題なのだと言った。

東氏の言うことは芥川に近いのですが、憐れみの問題というのは地域の問題でもあるわけです。

民政委員や介護に関わるＮＰＯなどの人々がいて、その人たちは上から目線じゃなくて、本当に何とかしなければと頑張っている。親と子の関係だけではないわけです。

平良　彼も家族に限定しているわけではないと思いますが、でもその民政委員の人たちは結構高齢者が多いですよね。その人たちの憐れみの心がどこで培われたかと考えると、たとえば雨宮さんの子どものころはコミュニティがしっかりとあって、そのコミュニティの中でそれを自然に身につけていくというところはありませんか。我々はそのコミュニティが解体されたあとの世代ですから、その憐れみの心を作る契機、つまり連帯の一番基盤になるかもしれない憐れみの心をどこで培うのかといえば、それはまずは家族だとなる。

雨宮　いやいや、それは家族だけの問題ではないと私は断固として思っていますし、それは現に実在する憐れみを知らないだけではないのかな。

平良　家族から組み立てていかなければいけないような時代状況にあるというのが東氏の議論ではないかと思います。多分そこから問わないと、中年以下の世代は難しいのではないかという議論だと思うのです。

雨宮　そうなのかな？　本来は、そこに宗教も関係してくるはずです。

平良　ああ、確かに宗教の問題がありますね。

雨宮　だから、宗教や地域の問題から見ていると、何で憐れみの元が親子関係でしかないのかと、もうずっと前から思っているのです。

平良　雨宮さんが以前に研究会で指摘していましたが、ヨーロッパは中世に宗教が世俗化されなかったがゆえに、近代以後も結構それが生活の隅々にまで残ったけれども、日本はその時期に宗教が世俗化されて、その道徳的な基盤のようなものがなくなっていったということでしたね。そうすると、ヨーロッパの場合は宗教がもつ憐れみの心が連帯を生み出す一つの契機にもなっているということですね。

雨宮　いやヨーロッパ的宗教的あり方はないけれど、第1章でものべているようにそうでない宗教的あり方は日本にもアジアにもたくさんありますよ。そして多くは非営利非国家つまり協同主義的なのですよ。

平良　日本ではそのヨーロッパ的でない宗教的なあり方も今は段々崩れてきているとはいえませんか。

雨宮　個以外に憐れみを担保するような互助、互酬、贈与関係はヨーロッパ的でない宗教もふくめて今もたくさんある、というのが私の議論なのです。というか、そういう目で見ましょう、というのが私の主張。

5　新しい社会とは？

平良　つまり、東氏は個から出発して家族から可能性を見出そうとしているけれども、その憐れみを担保する互助、互酬、贈与関係はもうすでにあると。

雨宮　そうです。例えば、諏訪の御柱祭りとかの祭礼、あれはみんな色々な人間が関わっていますよね。制度にはなっているかもしれませんが、あれはすごい互助、贈与組織になっていると思うし、日本の色々な大きな宗教団体もそうでしょう。

平良　考えてみると貧困家庭に対する支援とかそういうものも制度化されているのが現代であって、憐みの心はすでに制度化されているという面もありますね。実はもう制度化されていて、その存在する制度をどううまく使うかということですかね。

雨宮　制度化しているから、そこにアクセスする人間や集団があればいいんだということ。

平良　そうすると議論も親子のレベルに還元されないですね。

雨宮　もうストックとしてすでにあるわけです。日本の多くの宗教団体も戦後システムを基盤にして存在しているし今は福祉国家の後だけれども、福祉国家の歩留まりが螺旋的にしっかりある。

だから、可哀想だとかいうことだけでなく、いや可哀想だっていうのも大事なんだけれど、その歴史的、社会的質が問題なのです。つまり制度、遊び、必要性、連帯、憐れみ、互助、贈与がみんな現在は客観的に現存している。

平良　その客観的に存在しているものを自覚的に位置づけ直すことが大事だということですね。先ほどの趣味のサークルなどは、そのアクセスという点でも活きてきますね。釣り仲間とか、俳句の仲間とか、そういう趣味のサークルに集まる人間が、様々にアクセスする情報を与えてくれる。認知症の予防にはこういうのがいいとか、病院はどこがいいのかとか。また趣味のサークルというのは簡単に離合集散するものではなくて……。

雨宮　離合集散してもいいんです。少し制度へのアクセスが遅れるだけだから。

平良　福祉国家のストックは今はまだありますが、それも今後は財政的にもたなくなる可能性もありますね。でも雨宮さんの議論は、そうした今ある様々なストックを協同主義的な方向で十分に活かしきるべきだということですね。

雨宮　格差で大変だとかいうけれども、それだけでは違うだろうと。現在、貧困の子どもというのは六人に一人だといわれてますね。だったら、その一人をどうするかを考えればいいわけです。そうすると、社会には貧困な子どもの食事や学習を手助けできるたくさんの人がまだいる。その人々も高度成長の膨大なストックです。そういうかたちでの対応が可能だし必要だと思う。

さらに制度的な面でいうと、格差があるから再配分を全部変えるとか言っている人もいますが、百年待っても千年待っても出来ないことをのべるのではなく、もう極端に言うと、六人に一人という貧困の子どもを救うのなら、消費税を三%上げれば一発で片が付くだろうということです。だから消費税増税賛成と言うべきだと。もちろん、金を持っているものからちゃんと取るのはいいのです。では、その取るために具体的にどうするかの方策を出せという事。それが出来なかったら、また永遠に放置することになる。沖縄の問題と同じですよ。

平良　同じような構造ですね。この辺りは沖縄問題をやっているので痛いほどわかります。雨宮さんは二〇年も前から、沖縄の米軍基地は本土の地域が引き取るべきであって、それをしないで沖縄がかわいそうだとか、日米安保廃棄を訴えるのは欺瞞だと言ってますね。『戦後の越え方』でも、最近刊行された『対話　沖縄の戦後』でも、そう指摘しています。

雨宮　それを言わない人は、「自分は良いことを言っている」と思っているだけなのです。欺瞞だとは思わないけれど、この議論をしておかないと。アメリカのトランプ問題とも共通する結果になりますね。

平良　先ほどのサークルのもつ相互扶助というか情報提供機能についての話に戻しますが、現在のインターネット時代には、認知症予防に何がいいかとか、湧水がどこにあるかなどの情報は、サークルの仲間からではなく、ネットで簡単に手に入れることもできますね。その辺はどう考えますか。

雨宮 そこは大事なところです。老人でもネットは使っている。しかしそれだけではリアリティがない。

平良 では句会の仲間とか釣り仲間とか、信頼のできる仲間が与えてくれる情報だからこそ信用できるということですか。でも、サークルなどで得られる情報がネットなどでも代替できるというのが現代かな、とも思うのですが。

雨宮 三・一一の体験からもインターネットだけで完全に生活できないと思う。勿論、私の議論だと、インターネット自体も高度成長のストックとしてある、という議論なのですが。

平良 たとえばインターネットで何かを尋ねるとどばっと回答が来て助けてくれますが、それは憐みではないですよね。

雨宮 憐みではない。しかし、憐みでも承認欲求でもいいのですが、そのインターネットでどばっと回答して助けてくれるというかたちでの互助、互酬、贈与関係も、私は協同性だと考えた方がいいと思う。ネット空間にもその他にも、いろんなところに協同性がもうすでにあるというのが私の議論です。

平良　なるほど。これまでは協同性というものは土地と結びついていて、共同体＝旧い封建的体質を残すもの、というふうに捉えられていた面もあったかと思いますが、雨宮さんの議論はそういう旧来の協同性ではなく、新しいかたちの協同性というものがすでにあるということですね。

雨宮　そうです。そのように見ると協同性というものは周りにいっぱいあると。つまり地縁、血縁を引きずった旧い協同性ではなく、個の時代を通過してそれを入れ込んだ新しい協同性や地域というものがもうすでに存在していて、それを自覚的に位置づけ直すというのが私の議論です。その意味で地縁も新しい地縁です。

平良　考えてみると、ネット上の相互扶助関係というのは、旧来の共同体にあった息苦しさやめんどくささなどはないですよね。ある意味ではさわやかというか。また旧来の共同体における貸し借りにはある種の「負い目」のようなものもありましたが、それもないですね。知らない人がネット上で助け、また自分も知らない人を助けるというふうに。そうすると、この問題は先ほど雨宮さんがおっしゃった「高次元の贈与」の問題ともかかわってくるようにも思うんですが。

雨宮　そうそう。だから東氏のように社会が好きか嫌いかという議論をしても仕方がない。だから、嫌いであっても必要であれば社会を形成する条件は客観的にも主体的にも存在しています。

フリーとかシェアとかオープンとかいうのは、まさに協同主義の問題で、つまりみんなに開いている。そういうことをやる奴らがボロ儲けするのは矛盾だと東氏などはいっているけれど、私からいわせるとそれは全く矛盾ではなくて、自由主義と協同主義の併存構造であり、そこをどう協同主義に構成するのかという問題を私は言っているわけ。

平良　話はちょっと変わりますが、今月の『中央公論』（二〇一七年七月号）で東氏と遠藤乾氏の対談記事が載っていました。そのなかで東氏は今の世の中はポピュリズムとポピュリズムの対立のみがあって、極右と極左の対決しかない世界だと言っています。それでその現状を打開するためには、いまこそ「ブルジョワ政党」が必要であると言っている。教養のある市民層の再構築が求められると言っているのですが、これについてはどうですか。

雨宮　ポピュリズムの問題でいえば、やっぱりそれは資本の論理が背後にあるということですね。わかりやすいのは、ユーチューブなどにアクセスする者が多ければ多いほど広告料を出すっていう話。だけどそれを見ている人の多くは未成年や無職であったり低所得の人たちであって、資本の論理でいえばいくら視聴されても商品・サービスは大して売れないわけですよね。だから私から言わせると、そういう人たちが、ユーチューブ漬けにならない生活をできるようなあり方をどう設定するか、ということだと思うのです。五〇〇円くらいで暮らしていける人たちの世界が新しい何かを生み出すようなものとして設定し直さないとダメであって。それが協同主義の一つの内容じゃないかと思うのです。

平良　たとえば、ヘイトを吐き、トランプみたいなところに走っていかない若者たち、あるいはテロリストにならない者たちをどう作っていくのか、ということですね。

雨宮　いや、ヘイトをやる人たちはごく少くて、あとの膨大な人たちは、互助、互酬、贈与の契機をもって存在していると思います。その人たちをどう自覚的に位置づけ直すかということです。その人間たちにこそ希望があるという議論をしないといけない。つまりブルジョワ政党を呼び出さないで、無職者・低所得者や子どもたちが新しい時代をつくっていくものにしないと。それがフェイクにいってしまって、一部の人間がボロ儲けするようなところにしかいってないことに対して、我々がどう責任をもつか、ということが問題。考えてみれば、五〇〇円で暮らせるような人間が思い切り好きなことをして、そこから出てくるものが次の時代を用意するんだと私は主張しているわけです。

平良　冒頭のところで言っていたことは、このことだったのですね。遊ぶ集団が次の社会を用意するというのは。遊び方が足りないからそんなところに走っていくと。

雨宮　そう。もっともっと遊べと（笑）。若者が、遊び道具がヘイトぐらいしかないというそういうことと戦えと言いたい。だから東氏たちはオルタナティヴを出すべきなのに、ブルジョワ政党が必要みたいな議論は……。だから資本の論理に対して、先程言いったオープンエンドなどの問題も入れた世界をどう編成し直すか、オルタナティヴをどう出すのか、という具体的な議論をしなければいけない。そうしないと、やはり資本の論理には負ける。

制御の必要性の問題で言うのなら、彼らが制御しようとしている主体の問題、その主体のあり方自体をどういうふうにするのか、あり方自体が全部ヘイトにいくようなことで済むのかという話です。それでポスト・トゥルースのような形になってしまうようなものではないコンテンツとステージはどう準備されるかという議論をしなければいけない。

平良　そうすれば無職者や子どもたちは制御の対象ではなくて、新しい社会をつくっていくための希望の主体に変わるわけですね。

雨宮　無職者と子どもこそが希望であって、良くも悪くも次の時代を背負うのですよ。だから資本の論理をどう相対化するかということ。オープンエンドとか開かれた形のものをどう位置づけ直して構成して若者たちの自由な場をどんどん広げられるかという話をしなければならない。そのためにどんな内容が必要かといったら、やはり資本の論理とは違うコンテンツとステージが必要なわけです。それが協同主義なのです。

平良　決まりましたね（笑）。いまの問題と絡めていうと、雨宮さんのこれまでの研究で言えば、戦前においては貧富の格差を自由主義が解決できなかったからこそ、総力戦体制によって平準化、平等化が促進されたわけですよね。その時に貧しい農村の若者たちのうっぷんなどをいかなるかたちで捉えて課題を解決するか、ということが一つのポイントだったと思いますが、その点は戦前はどうだったんですか。

雨宮　これは私が第5章補論の加藤陽子氏の本を取り上げたところで論じたように、満洲に行かなくても土地なんかいっぱいあるんだということを言えばよかったわけです。知はそれを言うべきなのです。本土の貧困はひどいからみんな満洲に行けばリッチになれると言われてみんな靡いていったという話ですが、それは違うだろうと。

平良　代わりのコンテンツを出しきれなかったわけですね。

雨宮　出しきれなかった。それこそが問題。そのことが知で飯を食う人間の責任のはずなのに。

平良　それは現在抱えている問題とまさに一緒ですね。

雨宮　だから、もっと楽しく遊べるようなコンテンツとステージを出さなければダメなのです。

平良　いまの話との関連で言えば、その総力戦体制と協同主義の問題はどうなりますか。

雨宮　戦前の協同主義がダメなのは、貧乏根性なわけです。つまり土地などの問題を具体的にどうするかというときに、その解決のためにはやはり満洲に行かなければ、というのがダメだったのです。でもそこは難しくて、石橋湛山のようにそんなことはやらないほうがいいというのは正しいのだけれど、それを自由主義としてやりきれなかったのです。それを協同主義としてやるというのが昭和研究会の仕事だった。しかし、昭和研究会がダメだったのは、結局は東亜協同体というところに、つまり外部をつくることに行ってしまったからダメなわけです。とはいえ、彼らの議論は、当時でいえば一番まっとうな議論なんです。だけれども、これからの協同主義はこうなのではないかという議論をしなければいけない。

やはり自分のためだけに人間は生きるわけではないのですよ。他人のために生きることはやはり快感なわけです。その快感というのは個人的なものだけれども、他人のためになるという快感や承認欲求はみんなもっている。だから憐みなども快感ぬきに存在しないと思ったほうがいいわけです。そうしないと上から目線で憐れな貧乏人をどうにかしてやりましょうとかいう話になる。自分が気持ちいいからやるのであって、協同主義とは本来そういうことだから。

平良　そうするとそれをつなげる通路が、今はないということですか。

雨宮　そう、うまい通路がないのです。なぜつなげるものがないかというと、阻害しているのはイデオロギーなのですよ。つまり、人間は社会が嫌いであるとか、個人は個人として自立して生きることがいいことだとか、人に頼るのは恥ずかしいことであるとかいう、そういうある時代のあるイデオロギーというか、そういう思い込み。その思い込みが孤立した個人や家族の死のように人間を殺したりもする。だからそれを変えるのが知の役割だろうと。だから、必要がないときには個でやりたい放題やればいいわけだけど、必要があったら人間は関係を結ぶんだというだけの話であって、したがってそもそも人間は社会が嫌いだとか好きだとかという形而上学ではダメなのです。歴史的には協同性をもった豊かな個、それによる豊かな協同性の循環ですね。

平良　いままでの話を聞いていますと、第1章の表2（一〇・一一頁）でいうと、我々は、経済は「高度成長」で、社会は「ダッシュ私」で、その構成は「ダッシュ契約論的構成」で、自由と協同でいえば「ダッシュ自由主義」の圏内にいて、その枠内で悩んでいるということになりますかね。五〇年代までは協同主義的な知がまだあって、それが六〇年代以降に急速に社会契約論的な知が主流を占めていきますが、我々はまだその知の圏内にいるということですかね。

雨宮　完全にそうだと思いますよ。社会契約論の範囲内で七転八倒している。だから財産と教養のあるりっぱなブルジョワジーが必要だという議論に最後はなってしまうわけです。

平良　そうすると雨宮さんの議論でいうと、これからの政治の枠組みというのはどう考えますか。

雨宮　第1章で少し書いたけれども、たとえばイタリアのベルルスコーニ連合に対してオリーブの木のように、自由主義プラス権威主義のようなあり方に対しては、自由主義プラス協同主義もふくめた協同主義のあり方が考えられると思う。

平良　なるほど。では、これを日本に当てはめて考えるとどうなりますか。

雨宮　いま考えているのは、この協同主義と自由主義の問題に、第一の国体と第二の国体の問題を組み込んで四象限で考えるということですね。つまり、縦軸には自由主義と協同主義を置き、横軸には第一の国体と第二の国体を置いて考えるということ。第一の国体とは権威主義的な戦前の天皇制。そして第二の国体は戦後の国民主権、平和主義、基本的人権。この第二の国体は微妙なのだけれども、安全保障システムも憲法に規制されるということもふくめて私のいう戦後体制と同義なのです。この四象限を考えている。

平良　またなんと大胆な。第一の国体と第二の国体の議論をこういう形でくっつけるわけですか。では、この四象限にはどういう政治勢力が入るわけですか。

雨宮　まだ完全ではないのだけれど、例えば経世会は第二の国体で協同主義。それから共産党と創価学会・公明党も同じく第二の国体で協同主義。宏池会は第二の国体で自由主義。それから都民ファーストは第一の国体で自由主義。いまの安倍政権はちょっと難しいんだけれど、第一の国体で協同主義の要素もあると思うけど自由主義のところかな。民進党はいろいろあってよくわからないところもあるが、まあ、第二の国体で自由主義と協同主義のあいだぐらいかもしれない。

平良　これを一つ一つ議論していたら時間がいくらあっても足りませんが、例えば共産党と創価学会・公明党はなぜ第二の国体で協同主義になるわけですか。

雨宮　両方とも護憲だし、資本の論理から自立しようとしているからです。私などは逆に公明党は協同主義政党である、と言いたいわけです。

平良　少し意外な感じがしますが、都民ファーストはなぜ第一の国体で自由主義なんですか。

雨宮　だって、小池百合子にしても野田数にしてもバリバリの改憲派で戦前回帰ですよ。

平良　いま雨宮さんが示した四象限にしても担い手の問題にしても、詰めて考えなければいけないところはたくさんあると思うのですが、こうやって大胆に整理すると、いろいろと考えることが次から次へと出てきますね。でも都民ファーストが国政レベルに進出していって、安倍政権の対抗軸になるのでは、という議論もありますが、雨宮さんのこの四象限でいうと、どちらになっても第一の国体でますます自由主義の方向にいくということになりますね。

雨宮　そうなるわけです。つまり小池・安倍と「日本のこころ」などの第一の国体プラス新自由主義を内容とする戦後体制の越え方の大連合・大連立になる可能性もあれば、安倍から公明党が離れて岸田の宏池会あたりと組めば、第二の国体を前提として、自由主義と協同主義の連携ということになる可能性もあります。あるいは他の組み方があってもいいと思う。いずれにしても、こういう四象限を提示すれば、ブルジョワ政党が必要だという議論とは違う議論が可能になるわけ。どうです、これで（笑）。

平良　今日はここまで大きな話になるとは思いもしませんでした（笑）。

※平良好利（たいら・よしとし）一九七二年生まれ。現在、獨協大学地域総合研究所研究員。著書に、『戦後沖縄と米軍基地』（法政大学出版局）、『安全保障政策と戦後日本』（千倉書房、分担執筆）、『戦後日本の歴史認識』（東京大学出版会、分担執筆）、『対話　沖縄の戦後』（吉田書店、共編）など。

あとがき

本書は結局、以下の三点を考えようとしたのである。

第一は第二次世界大戦、戦後の高度成長期を経て、これまでと異なる事態、すなわち冷戦後の世界秩序の形成、低成長、財政難、少子化、高齢化、格差、そして国家も資本も生産や生活への対処ができない財政破綻などにこれまでの自由主義や経済成長以外のどんな方法によって対処し解決するのか。

第二はアメリカに頼らず非軍事的な方法によって、例えば中国や北朝鮮（朝鮮民主主義人民共和国）の〝力づく〟の在り方なども含むアジアにおける現実的共生をいかに築いていくか。

第三にはこれまでのような経済成長もなく、人口も増えない中で地域の持続、自立はいかに可能か。

第一については、そもそも成長か非成長か、成熟か非成熟かという議論の仕方自体を変えることである。すなわちこれまでの仕方――「自由競争」「自己責任」など自由主義的――の成長は終わったこと、それにふさわしい行為を行うこと、それが次の「成長」をつまりこれまでの成長と質の異なる新しい次元の「成長」や「自由主義」をもたらすこと。これまでの成長の〝成果〟は膨大な生産力をもたらし、社会的には新しい互助、互酬、贈与を行える膨大な人々、インターネットにおける新しい互助、互酬、贈与の膨大なソフトとハードなどのストックを現出させている。そのストックを使いこなすことがこの段階にふさわしい行為であり新しい互助、互酬、贈与という点で新しい協同主義といってよい。

さらに自由主義と協同主義を軸としてみると以上のように社会の段階と諸条件と主体が位置づけられるとともに、政治の諸主体の新しい位置と組み合わせが発見される。すなわち第一の国体と第二の国体を縦軸に、自由主義と協同主義を横軸にして政治諸主体を見るとポスト戦後システムの必ずしもリベラル対保守とか社会民主主義対保守に基づく二大政党制ではない多様な組み合わせが発見、展望できる。

第二の課題については、これまでの歴史は既成の国際秩序にいる側が「新興国」「新興勢力」を抑圧したり排除して、あるいは抑圧しきれずに「ならず者国家」にして挙句の果てに軍事的衝突や戦争になってきた。そのもっとも端的な例が「無条件降伏モデル」（雨宮『占領と改革』vi頁）である。歴史的教訓を学ばないのが歴史的教訓だ、と言われるが、ここから得られる知見は既成勢力は新興勢力に譲ったり、〝従属〟したりして新しい国際秩序を自ら形成することである。そのことによって新興勢力を責任ある国際主体に育てることである（核兵器を持った当初、核戦争をさけんだ中国がいまや一面では国際的な責任主体として行動している）。つまり無条件降伏モデルの終焉を自覚的に行うことである。

第三の課題については、まず日本の近現代はもちろん現在も思考を拘束している薩長史観と反薩長史観を地域の側から相対化することによって、薩長でも反薩長でもない新しい地域イメージと主体を立ち上げた。さらに政策の領域ではベッドタウンにおける職、住、育、遊、介護などの再接合とそれをとおしての生活の質の新しい次元を展望することである。本書でふれてきた協同主義は各時代の危機への対応として形成されてきた。それは同時に予想される全面的な財政破綻時への、生活、生産、消費もふくむ全面的なしかし豊かな対応としての協同主義として読んでいただくとさいわいである。

なお、「あとがき」を執筆していて気がついたが、本書第1章表2のように原子論的個ではなく、協同性をそなえたゆたかな個でなければ、又、ゆたかな個に支えられた協同性でなければ、新自由主義、新権威主義によるポピュリズムには対応できないだろう。なぜならこの新権威主義は協同性を上から外から付与するからである。これはリバタリアンとコミュニタリアンの不毛な歴史的対立の克服にもつらなり、このようなゆたかな個、ゆたかな協同性によって、新自由主義の視点ではない、政策のスクラップもビルドも出来ると思われる。それが財政破綻の予防にもつらなるだろう。

本書は私にとって六冊目の単著であるがこれまでのものと異なる特徴がある。一つは収録した作品はいずれも退職後のものであることである。二つ目はそのほとんどが私の住んでいる地域の、あるいは審議会の委員などをした地域の人々とのつながりのなかでつくられたものであること。三つめは講演、報告のものが多いことである。私は二〇一四年三月に獨教大学を退職した。茨城大学を含め二つの大学での務めは四二年間であった。

小金井市に移住したのは一一年ほど前であるが、ほどなく水戸市の市議会議員をしていた教え子の紹介で憲法を議論する市民の集まりのコメンテーターを依頼された。立場や見解は多様であったがその中の何人かの方も中心になって企画された小金井市公民館の私の講座を受講された方々が「雨宮ゼミナール」を立ち上げ、折りに触れ議論した。さらにその中の井筒雅子さん、大賀英二さんなどと「文明フォーラム@北多摩」という市民や研究者の会がつくられた。第1章はそこで発表したものである。そのフォーラムのなかの澤佳成さん（東京農工大学教員）から執筆を依頼されたのが第4章である。地域では少し離れるが松江市で友人の飯田泰三さんから依頼されて講演したものが第2章である。島根の皆さんとの地域をめぐっての討論、例えば島根で名づけはじめられたという限界集落という言葉と住んでいる人たちの実情の違いなどが印象的でたくさんのことを教えていただいた。私は集落の限界ではなく名づけた研究者の限界ですね、と言ってうなずかれたことも覚えている。飯田さんや豊島秀明さんたちに感謝する次第である。第3章は和光市役所でシンポジウムの基調講演として話されたものである。ここには基本条例をテーマとする越谷市、ポスト・ベッドタウンをテーマとする日野市の審議会などで得た知見が盛り込められている。これは本年六月に亡くなられた天川晃さんの放送大学のゼミ生を中心につくられたガバナンス研究会の最初のシンポジウムの報告で天川さんから依頼されたものである。

天川さんとの関わりでは第5章の2もある。この戦後体制研究会は『戦後とは何か』（上・下、丸善、二〇一四年）のほかに『対話——沖縄の戦後』（吉田書店、二〇一七年）や『比較戦後体制〈仮題〉』などを出版したり準備している。この研究会の発端は、私の『占領と改革』（岩波新書、二〇〇八年）をめぐって村松岐夫さんと私がその年（二〇〇八年）の政治学会の時に激しく議論したことからである。それまで会ったことがなかった二人を会わせたのが天川さんであった。その時天川さんはいなかったがほとんどつかみ合いになりかねないほどはげしい議論になり、もう二度と会うことはないだろうと別れた。しかし二ヵ月ぐらい後に天川さんから、村松さんが政治学と歴史学、政治史研究に共通の言語が必要でそれを議論しようとの提案がでていると伝えられ、三人で議論が始められた。二〇〇九年の秋まで学習院大学の村松研究室での実に充実した討論は今でも鮮明である。雨宮と村松さんの「放言」（主として雨宮）を天川さんがいつも高次の次元でまとめられた。それが戦後体制研究会に接続し上記の文献にその時の三人の対話が再現されている。本書第5章の2はその研究会で報告したものである。第5章の1は法制史研究者の出口雄一さんなどが主宰されている戦時法研究会で報告したものである。

本書の三番目の特徴として講演、報告が多いと書いたが、それは以上のような地域のたくさんの人々や異分野の人々との対話の中で発見したりきづかされたことがふくまれている。材料は私が既に以前の作品で使用したものもあるが上記の多くの人々との対話により新しく広げられている。ただそれとは裏腹にバランスを失したり、詰め切れてない個所もあり今後直していくつもりであるが、ご海容をお願いしたい。退職した後、年齢に相応しく夫婦とも身体が衰えるなか以前には研究さえしていればよかった状況だったが、お互いの健康管理、家事経営など新しいことが要請されるようになり、それが何とかやれるようになっている事に驚く。つまり「衰退」への対応は人を「成長」させるのかと思うのである。同様に退職後、実にたくさんの人々やそのつながりの中で生かされていることを痛感するが、本年度も「雨宮ゼミ」の公民館自主講座での「小金井市の近現代における生活の困難と互助と連帯をめぐって」の報告を準備中である。その際も地域の人々の知見を入れている。私は小金井地域のあるＮＰＯの理事をしているがそこにいる人たちは実にリアルな地域認識を有している。小金井の歴史を、「地元民」と「ヨソ者」、そして後者については「来たりもの」と「来去りもの」、前者については「墓持ち」と「墓なし」、「旧地主（本家・分家）」と「新地主」などなど、それぞれの争いの歴史であると聞いたのもそこからである。

私は本書で考えてきた低成長、財政難、高齢化、少子化、格差、予想される財政破綻などとしてあらわれる、しかし膨大なストックの中での第一、第二、第三の課題が、地域の「墓持ち」「墓なし」、「来たり者」「来去り者」などなどのこれまでのような対立と分断ではなく、それぞれの主体の生活の困難の解決の仕方を思い出し持ち寄り結びつけることにより、いかにして解決するかを議論していきたいと思っている（その暫定的な中間報告は『地域総合研究』二〇一八年三月に掲載する予定）。

第６章でもわかるように、新しい論点を提起して私の議論を発展させてくれたことも含めて、本書の準備のそれぞれの場面で平良好利さんに大変お世話になった。荒木田岳氏にも有益なコメントをいただいた。また本書の出版にあたっては有志舎の永滝稔さんにお世話になった。氏には吉川弘文館に勤務されていた時、私の『近代日本の戦争指導』（一九九七年）を編集していただいた。そして、有志舎を立ち上げられて以来また一緒に本を作りたいと思っていた。遅くなったがそれが実現できたことを喜んでいる。とくに永滝氏と有志舎が神保町から地元の高円寺に移られ、本を通して新しいコミュニティをつくり出そうというボランティアグループ「本が育てる街・高円寺」といった有志のあつまりなどの活動を始められた時期に本書がつくられたことを嬉しく思う。今回も本の作成を支えてくれた妻洋子と子供たちに感謝したい。

二〇一七年中秋一〇月三日

小金井市東端の寓居にて

雨宮昭一

索　引

あ　行

か　行

さ　行

た　行

な　行

は　行

ま　行

や　行

ら　行

わ　行

著者紹介

雨宮昭一（あめみや　しょういち）

1944年、山梨県に生まれる。東京大学大学院法学政治学研究科博士課程修了、法学博士。専門は政治学、日本政治外交史、地域政治論。

ハーバード大学客員研究員、茨城大学教授、獨協大学教授、両大学地域総合研究所所長などを経て現在、茨城大学名誉教授、獨協大学名誉教授。

茨城県史、茨城県議会史、水戸市史、水海道市史、山梨県史、塩山市史などの編纂専門委員を歴任。

〔単著〕『戦時戦後体制論』（岩波書店、1997年、2012年復刊）、『近代日本の戦争指導』（吉川弘文館、1997年）、『総力戦体制と地域自治』（青木書店、1999年）、『占領と改革』（岩波新書、2008年、韓国語版：A moonakusa社、2013年、中国語版：中和出版、2017年、の訳書あり）、『戦後の越え方—歴史・地域・政治・思考』（日本経済評論社、2013年）

〔編著〕『現代史と国家秘密法』（未来社、1985年）、『戦後体制の形成』（大月書店、1988年）、『茨城を楽しむ30の方法』（茨城新聞社、1999年）、『政党政治の時代』（朝日新聞社、2000年）、『茨城の占領時代』（茨城新聞社、2001年）、『3・11後の日本と国際社会』（丸善、2014年、英語版もあり）、『ポスト・ベッドタウンシステムの研究』（丸善、2014年）、『別冊宝島2369号　占領下の日本』（宝島社、2015年）など。

〔共著〕『日本政治裁判史録1－5』（第一法規出版、1968年）、『戦後とは何か　上・下』（丸善、2014年）、『日本近現代をどう見るか』（岩波新書、2010年）、Total War and “Modernization”（Cornerll University, 1998）など。

協同主義とポスト戦後システム

2018 年 3 月 25 日　第 1 刷発行

著　者　雨 宮 昭 一
発行者　永 滝　 稔
発行所　有限会社　有　志　舎
〒166-0003　東京都杉並区高円寺南 4-19-2
クラブハウスビル 1 階
電話　03 (5929) 7350　FAX　03 (5929) 7352
http://yushisha.sakura.ne.jp
ＤＴＰ　言 海 書 房
装　幀　古 川 文 夫
印　刷　株式会社シナノ
製　本　株式会社シナノ

ISBN978-4-908672-20-0